すぐに使えて、きちんと伝わる

敬語サクッとノート

NHK学園専任講師
山岸弘子=監修

永岡書店

はじめに

生きた敬語を身につけると うれしい変化が起こり始める

　雑誌の取材を受けるたび、頻繁に登場する質問があります。「敬語を身につけるにはどうしたらよいですか?」という質問です。
　私は次のように答えます。
「3ステップを意識的に行うことが有効です。第1ステップはインプット。第2ステップはアウトプット。第3ステップは復習です」

　敬語の習得は、外国語の習得と同じです。インプットなしにアウトプットはありえません。
　インプットするためにはトレーニングが必要です。
　敬語の本を読んでもなかなか敬語が身につかない、という声を聞きますが、それは無理もないことです。筋力トレーニングの本を読んだだけでは筋力がつかないのと同じです。本で得た知識を生かし、実際にトレーニングを重ねてこそ筋力がつくように、敬語もトレーニングをしてこそ敬語力がついていくのです。

本書ではたくさんの場面を設定し、場面ごとに基本的な敬語を掲載しています。敬語になじみがない方は「基本敬語」を口に出してトレーニングし、ひととおりの敬語を身につけている方や丁寧な応対を身につけたい方は、「言い換え例」のトレーニングをおすすめします。

　敬語を使えるようになると、自他に変化が起こることがわかっています。私が1998年から行っている敬語講座の修了者へのアンケートによると、「周りから信用されるようになった」、「尊重されるようになった」「自分の心が穏やかになった」など、多くの方が何らかの変化を感じています。

　本書の活用で、適切で好感を与える敬語を身につけ、ご自身の変化、周りの方からの評価の変化、周りの方の対応の変化を体感していただければと思います。
　それではご一緒に敬語の扉を開いてみましょう。

NHK学園講師　山岸弘子

使える敬語がサクサク身につく

本書の特長と使い方

そのまま使える"敬語フレーズ"が満載！

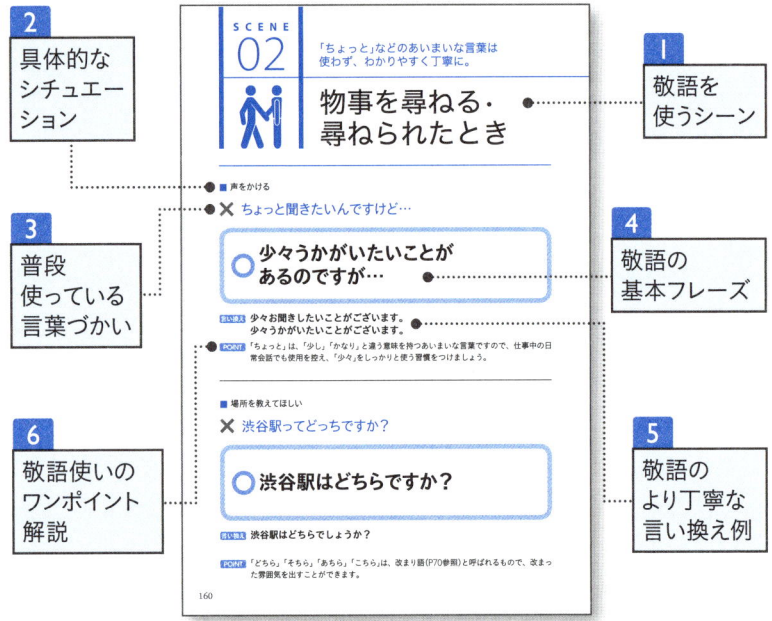

❶ 章ごとに細かくシーン分けをしているので、一目で知りたい敬語を探すことができます。
❷ それぞれのシーンで起こりえるシチュエーションで、使いたいフレーズをかんたんに見つけることができます。
❸ 各シチュエーションで普段使っている何気ないフレーズや間違った言葉づかいを記載。
❹ 言葉づかいの基本を踏まえた、正しい敬語フレーズを紹介します。
❺ 相手へ与える印象がよりよくなる、ワンランク上の敬語の言い換え例を紹介します。
❻ それぞれの文例で間違いやすい点や、相手への敬意を伝える話し方のマナーなど、敬語を使いこなすためのポイントを解説しています。

本書は、日常生活やビジネスシーンで遭遇するさまざまな場面から、その場に合った正しい敬語をすぐに見つけることのできる構成になっています。困ったときに知りたい敬語を、サクッと見つけてサクッと使いこなしましょう。

知らないと恥をかく"間違い敬語"の傾向と対策をアドバイス

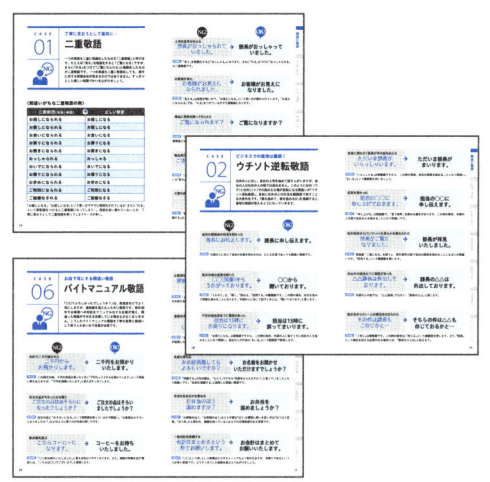

本書は、使ってしまうと恥をかいたり、ソンをしてしまう間違い敬語を数多く掲載しています。自分では正しいと勘違いしている敬語や、マニュアル化されている間違った言葉づかい、あまり意識せずに使ってしまう話し言葉などを第1章にまとめました。

ビジネスメールのマナーと"書く敬語"の基本を解説

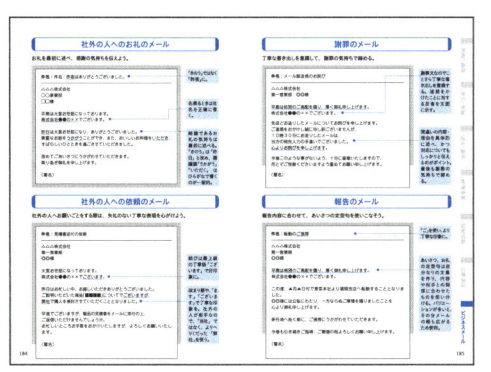

手紙やメールなど、文書として残る敬語には、普段以上に気をつけなければなりません。第7章では、ビジネスシーンで頻繁に使うメールの基本パターンを紹介・解説しています。それぞれの文例と注意すべきポイントを参考に、自分なりのビジネスメールを会得しましょう。

目次

はじめに ……………………………………………………………… 2
本書の特長と使い方 ………………………………………………… 4
言葉づかいのセンスを磨いて"使える敬語"を身につけよう！ …… 10
敬語の基本のきをサクッとおさらいしよう！ …………………… 12

第1章　気づかずに使っている!? 間違い敬語

CASE01	二重敬語 ……………………………………………	16
CASE02	ウチソト逆転敬語 …………………………………	18
CASE03	何様敬語 ……………………………………………	24
CASE04	勘違い敬語 …………………………………………	26
CASE05	ムダ敬語 ……………………………………………	28
CASE06	バイトマニュアル敬語 ……………………………	30
CASE07	若者言葉 ……………………………………………	32

第2章　社内・接客ですぐに使える敬語

SCENE01	あいさつをするとき ………………………………	38
SCENE02	上司から指示・指摘があったとき ………………	40
SCENE03	報告・連絡・相談をするとき ……………………	44
SCENE04	上司・同僚から食事や酒の席に誘われたとき …	50
SCENE05	会議やプレゼンで発言をするとき ………………	52
SCENE06	来客への対応 ………………………………………	60
SCENE07	打ち合わせ時のトラブル …………………………	64
SCENE08	本社より上役が来たとき …………………………	68

第3章 社外・接客ですぐに使える敬語

SCENE01	取引会社へ訪問時のあいさつ	76
SCENE02	取引相手との打ち合わせ	86
SCENE03	接客するときの基本応対	92
SCENE04	お店で接待する・接待される	102

第4章 電話応対ですぐに使える敬語

SCENE01	電話をかけるときのあいさつ	108
SCENE02	電話で依頼・お礼・謝罪をする	116
SCENE03	電話を受けるときのあいさつ	122
SCENE04	電話を取り次ぐ、伝言を受ける	128
SCENE05	クレーム電話に対応する	134

第5章 就職活動ですぐに使える敬語

SCENE01	問い合わせる・応募する	140
SCENE02	面接試験①（入室・自己紹介）	142
SCENE03	面接試験②（説明・質疑応答）	144
SCENE04	面接試験③（自己PR・退室）	146
SCENE05	採用・不採用の連絡がきた	148

第6章 日常会話ですぐに使える敬語

SCENE01	あいさつをするとき	156
SCENE02	物事を尋ねる・尋ねられたとき	160
SCENE03	気を遣う・遣われたとき	164
SCENE04	家へ招く・招かれたとき	166
SCENE05	誘う・誘われたとき	170
SCENE06	近所の人とのおつきあい	174
SCENE07	身内の集まり	176

第7章 ビジネスメール&書く敬語の基本

ムダなトラブルを防ぐビジネスメールの基本マナー ・・・・・・・・・・・ 182
社外の人へのお礼のメール / 社外の人への依頼のメール ・・・・・・・・ 184
謝罪のメール / 報告のメール ・・・・・・・・・・・・・・・・・・・・・・・・・・・・・ 185

コラム

column01　過剰敬語＆美化語の使い方 ・・・・・・・・・・・・・・・・・・・・・・ 34
　　　　　過剰敬語の改善ポイント／美化語の使い方

column02　丁寧な言い回しのテクニック ・・・・・・・・・・・・・・・・・・・・ 70
　　　　　改まり語の使い方／クッション言葉の使い方／
　　　　　「お・ご＋〜になる」の使い方

column03　「れる」「られる」表現に注意 ・・・・・・・・・・・・・・・・・・・・・ 106

column04　電話応対の基本マナー ・・・・・・・・・・・・・・・・・・・・・・・・・・ 138

column05　ワンランク上の敬語表現 ・・・・・・・・・・・・・・・・・・・・・・・・ 150
　　　　　敬称変換のテクニック／語尾の言い回しテクニック／
　　　　　丁寧なあいさつのテクニック／気をつけたい「いまどきの話し方」

column06　あいさつのマナー ・・・・・・・・・・・・・・・・・・・・・・・・・・・・・・ 178

早引き索引 ・・・ 186

敬語が話せると、あなたは絶対トクをする！

◎初対面で好印象を与えられる
仕事やプライベートで、初対面の相手に好印象を与えることができます。

◎自信を持って会話ができる
上司や取引先、面接官など、誰の前でも慌てずにしっかり話すことができます。

◎周囲からの信頼度がアップする
周囲からやる気が認められ、重要な仕事を任せられるようになります。

敬語のコツを サクッと 身につけよう！

すぐに使える！敬語フレーズが満載

言葉づかいのセンスを磨いて
"使える敬語"を身につけよう！

あなたは正しい敬語を使っていますか？ 敬語がきちんと使えるようになると、円滑な人間関係を構築することができ、社会人としての信頼を得ることができます。

敬語は良好な人間関係を築きあげる
最強のコミュニケーションツール

　もし、あなたがきちんとした敬語を使えていないとしたら、周りの人はあなたに対し、コミュニケーションがとりづらいタイプだと感じているかもしれません。しっかりとしたコミュニケーションをとることは、社会人としての基本。敬語が正しく使えないと、相手に不快感を与えたり、相手を大切に思う気持ちが伝わらず、誤解やトラブルを招きかねません。

　反対にきちんとした敬語が使えるようになっていくと自信がついて、目上の人とも落ち着いて会話ができるようになります。その結果、周囲からも信頼され、重要な仕事を任されるようになるでしょう。敬語が使えるということは、ビジネスマンとしてのスキルアップにつながるのです。

　正しい敬語を意識的に使っていくと、言葉づかいのセンスが磨かれ、自然と立ち居振る舞いも美しくなっていくという効果があり、プライベートでのメリットにもつながります。

　たとえば、ファッションのセンスは、たくさんの洋服に触れ、「どれが自分に合うのか」「どんなときに着ればよいのか」と意識していくことで磨かれていきます。言葉づかいも同じです。正しい敬語を知り、それを正しい場面で適切に使えるように意識することで、言葉のセンスが磨かれていくのです。

　本書では、さまざまなシチュエーションごとに敬語の例文を多数紹介しています。例文を声に出して読み、実際に使ってみてください。失敗を恐れずに敬語を使うことで、適切な表現のコツがつかめ、ボキャブラリーも増え、本当に"使える敬語"が身につくのです。

間違い敬語でソンをしていませんか?

✕ ただいま専務がいらっしゃいます
ウチソト逆転敬語

「ただいま専務がまいります」が正しい敬語。「いらっしゃる」という尊敬語を使い、自社の人を社外の人の前で高めるのは間違い。

✕ うちのワンちゃんが亡くなりました
ムダ敬語

「我が家の愛犬が死にました」が正しい敬語。「亡くなる」は人の死に対する言葉であり、ペットには使いません。

✕ こちらでよろしかったでしょうか
バイトマニュアル敬語

「こちらでよろしいでしょうか?」が正しい敬語。この言葉づかいをマニュアル化しているお店もあるそうですが、きちんとした飲食店では使いません。

✕ ご覧になられます?
二重敬語

「ご覧になりますか?」が正しい敬語。「見る」の尊敬語は「ご覧になる」でOKです。「れる」を加えると二重敬語になります。

✕ マジっすか?
若者言葉

「確認させていただけますか?」が正しい敬語。ビジネスシーンでは個人的な感想は控え、一般的な敬語で気持ちを表現します。

敬語の基本のきを
サクッとおさらいしよう!

敬語の種類は大きく分けて5つあります。ここでは、それぞれの敬語の解説と文例、よく耳にする間違った使い方などを紹介します。敬語の基礎知識をサクッとおさらいしましょう。

①尊敬語

相手側や話題に登場する人物を高めるときに使う敬語

　敬意を表したい相手の動作や状態を高めて表現するときに使います。「いらっしゃる」「おいでになる」「お越しになる」「召し上がる」「ご覧になる」「お読みになる」「お聞きになる」などの表現があります。高める相手とは社会的距離(肩書き、年齢差)がある、社長や上司、社外の人、年長者など。ただし、社外の人に社内の人のことを話すときは、社内の人の行為を尊敬語ではなく謙譲語で表すのが原則です。間違わないように注意しましょう。

〈例〉
- 説明をお聞きになる
- 料理を召し上がる
- お店にいらっしゃる
- ○○さんがおいでになる
- △△氏がお越しになる
- 絵画展をご覧になる

よくある間違った使い方

NG! 課長がおっしゃっておりました　→　**OK!** 課長が申しておりました
POINT 社外の人に話すときに社内の人の行為を尊敬語で話すのはNGです。

NG! 晴れていらっしゃいますか　→　**OK!** 晴れていますか
POINT 天気など、高める必要のないものに尊敬語は使いません。

NG! 車が到着なさいました　→　**OK!** 車が到着いたしました
POINT 車も高める必要のないものです。聞き手への敬意は謙譲語で表現します。

②謙譲語Ⅰ

自分側を低めることで、行為の及ぶ先を高めて敬意を表す謙譲語

自分側を"低める"ことで、行為の及ぶ先に敬意を表す敬語です。「拝見する」「うかがう」「いただく」「頂戴する」「申し上げる」「お伝えする」「ご連絡する」などがあります。

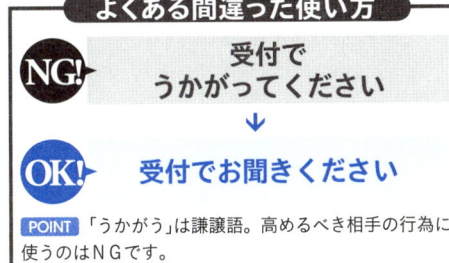

よくある間違った使い方
NG! 受付でうかがってください
↓
OK! 受付でお聞きください

POINT 「うかがう」は謙譲語。高めるべき相手の行為に使うのはNGです。

---

③謙譲語Ⅱ

聞き手に敬意を表す謙譲語

行為の及ぶ先ではなく、聞き手や文章の読み手に敬意を表す際に使う敬語です。「おる」「まいる」「申す」「いたす」などがあります。

よくある間違った使い方
NG! 海にうかがいます
↓
OK! 海にまいります

POINT 「うかがう」は訪問先を高める謙譲語。高める必要のない訪問先には「まいる」を使います。

NG 母に申し上げます
↓
OK 母に申します

「母に申します」と表現し、話題に登場する自分の母親を低めることで、聞き手に敬意を表す。

④丁寧語

話し手の丁寧な気持ちを表現する敬語

　尊敬語や謙譲語と違い、誰かを高めたり低めたりする敬語ではなく、話し手の丁寧な気持ちを表現します。「です」「ます」「ございます」などが丁寧語の代表的な表現です。社会的距離のある会社の上司や社外の人には、一番丁寧な「○○でございます」を使いましょう。

〈例〉
- 「会議は三時からです。」
- 「雨が降っています。」
- 「こちらが企画書でございます。」

⑤美化語

話し手の上品さのレベルを上げる敬語

　美化語とは、話し手の表現の上品さや、美しさのレベルを上げるために用いられる敬語です。一般的には「お」や「ご」をつけた言葉ですが、つければなんでも美化語になるというわけではありません。「お」や「ご」をつけると不自然な言葉もあるので注意しましょう（詳しくはP36参照）。

〈例〉
- お土産　● お箸　● お金
- お水　● ご祝儀　● ご年始

ADVICE

声に出して練習し、実際に使うことが敬語上達の近道

　敬語の基礎知識を理解することは大切ですが、声に出して繰り返し練習することが敬語をマスターする一番の近道です。ボキャブラリーを増やす努力をし、覚えた敬語フレーズを実際に使ってみましょう。うまく使えずに失敗することもあるでしょうが、敬語を使おうとするあなたの丁寧な気持ちは必ず相手に伝わります。相手を敬う気持ちを自分の言葉で伝えることで言葉づかいのセンスが磨かれ、「使える敬語」が身についていくのです。さあ、失敗を恐れずに仕事で、プライベートで敬語を使いましょう！

第1章
気づかずに使っている!?
間違い敬語

知らないと恥をかく!?

- ☐ 二重敬語
- ☐ ウチソト逆転敬語
- ☐ 何様敬語
- ☐ 勘違い敬語
- ☐ ムダ敬語
- ☐ バイトマニュアル敬語
- ☐ 若者言葉

CASE 01

丁寧に言おうとして裏目に…
二重敬語

一つの単語を二重に敬語化したものを「二重敬語」と呼びます。たとえば「見る」を敬語化すると「ご覧になる」ですが、さらに「れる」をつけて「ご覧になられる」と敬語化したものが二重敬語です。一つの単語を二重に敬語化しても、相手に対する敬意自体が高まるわけではありません。すっきりとした美しい言葉づかいを心がけましょう。

〈間違いがちな二重敬語の例〉

二重敬語（間違い敬語）	正しい敬語
お越しになられる	お越しになる
お話しになられる	お話しになる
お会いになられる	お会いになる
お戻りになられる	お戻りになる
お聞きになられる	お聞きになる
おっしゃられる	おっしゃる
おいでになられる	おいでになる
お帰りになられる	お帰りになる
お求めになられる	お求めになる
ご利用になられる	ご利用になる
ご出席になられる	ご出席になる

「お越しになる」「お話しになる」という言い方ですでに敬語化されているが、さらに「れる」という尊敬語をつけると二重敬語になってしまう…。敬語を使い慣れていない人が、丁寧に言おうとして二重敬語を使ってしまうケースが多い。

間違い敬語

上司の意見を伝える
部長がおっしゃられて
いました。 → 部長がおっしゃって
いました。

POINT 「言う」を敬語化すると「おっしゃる」になります。さらに「れる」をつけた「おっしゃられる」は二重敬語です。

お客様が来た
お客様がお見えに
なられました。 → お客様がお見えに
なりました。

POINT 「見える」は敬意が軽いので、「お見えになる」という言い方が認められています。「お見えになられる」では、「れる」をつけているので三重敬語になります。

商品に興味を持ってもらえた
ご覧になられます？ → ご覧になりますか？

POINT 「見る」の尊敬語は「ご覧になる」です。さらに「れる」をつけて「ご覧になられる」とすると二重敬語となります。

商品発注を受けた
ご注文をお承りします。 → ご注文を承ります。

POINT 「承る」は、「受ける」「承諾する」「聞く」の謙譲語として使われます。すでに敬語化している「承る」に「お〜する」をつけると二重敬語になります。

文書を読んだかと聞かれた
ご拝読しました。 → 拝読いたしました。

POINT 「拝読する」は、「読む」の謙譲語なので、「ご〜する」をつけると二重敬語になります。「拝読する」は、高めるべき人からの手紙などを読んだことを知らせるときに使います。

CASE 02

ビジネスでの使用は厳禁！
ウチソト逆転敬語

社外の人に対し、自社の上司を高めて話す人がいますが、自社の人は社外の人の前では高めません。このように社内（ウチ）と社外（ソト）での高める立場が逆になる間違いが「ウチソト逆転敬語」。反対に社外の人の行為を謙譲語で表すことは大変失礼です。「誰を高めて、誰を低めるか」を意識すると、適切な敬語が使えるようになっていきます。

自社の課長宛の伝言を預かった

NG! 課長にお伝えします。 → **OK!** 課長に申し伝えます。

POINT 外部の人に対して自社の社員を高めるのは、たとえ社長であっても間違い敬語です。

取引内容の変更を聞いた

○○（同僚）から うかがっております。 → ○○から 聞いております。

POINT 「うかがう」は、「聞く」「訪ねる」「訪問する」の謙譲語です。この例の場合、自分を低めて同僚を高めることになります。外部の人に対して話すときには、「聞いております」と言います。

不在の担当者あてに電話があった

担当は15時に お戻りになります。 → 担当は15時に 戻ってまいります。

POINT 「お戻りになる」は尊敬語ですから、この例の場合、外部の人に話すときに自社の人を高めることになり間違い。自社の人の行為は「まいる」という謙譲語で表現します。

間違い敬語

来客に間もなく部長が来る旨を伝える

ただいま部長が
いらっしゃいます。
→
ただいま部長が
まいります。

POINT 「いらっしゃる」は尊敬語ですから、この例の場合、自社の部長を高めることになり間違い。「まいる」という謙譲語を使いましょう。

伝言を預かった

担当の○○に
申し上げておきます。
→
担当の○○に
申し伝えます。

POINT 「申し上げる」は謙譲語で、「言う相手」を高める働きがあります。この例の場合、外部の人の前で自社の人を高めることになり間違いです。

取引相手からパンフレットを見たかを尋ねられた

部長がご覧に
なりました。
→
部長が拝見
いたしました。

POINT 尊敬語「ご覧になる」を使うと、取引相手の前で自社の部長を高めることになるため間違いです。「拝見する」という謙譲語を使います。

外出中の課長あてに電話があった

△△課長は外出して
おります。
→
課長の△△は
外出しております。

POINT 外部の人の前では、「△△課長」ではなく、「課長の△△」と話します。

取引先からクレームの責任をせまられた

その件は課長も
ご存じかと…
→
そちらの件は△△も
存じておるかと…

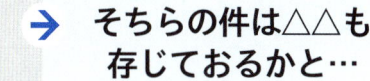

POINT 「ご存じ」は尊敬語です。この例の場合は、「存じる」という謙譲語を使います。また、「課長」という職名を伝える必要のある場合には、「課長の△△は」と伝えます。

もらった土産を義母と食べた
NG: お義母様も召し上がりました。 OK: （義）母もいただきました。

POINT 外部の人の前では、義母は身内扱いにして話します。義母の「食べる」は謙譲語Ⅰの「いただく」を使います。（P13参照）

いったん実家に戻ってから出社する
NG: 実家にうかがってからまいります。 OK: 実家に寄ってから出社いたします。

POINT 「うかがう」は訪問する先を高める働きがあります。この例の場合、訪問する先である実家を高めることになり、間違いです。

祖父が亡くなったことを上司に伝える
NG: 祖父が逝去いたしました。 OK: 祖父が亡くなりました。

POINT 「逝去（せいきょ）」は、他人の死を敬って言うときに使います。身内には使いません。

CHECK

自社の上役も「ソト」から見れば「ウチ」の人

　間違い敬語の中で特に多いのが「ウチソト逆転敬語」。普段の話し方のくせがうっかり出てしまい、社外の人（ソト）に対して社内の人（ウチ）を高めてしまう間違いです。社内では高めるべき上司も、一歩外に出れば自分と同じ会社の社員ですので、社外の人に対しては上司も身内として扱います。また、電話でよく使われる「自社の○○にお伝えします」という言い方も誤りです。「お伝えする」と自社の人（ウチ）を高めるのではなく、「申し伝える」と電話相手（ソト）を立てる言い方にしましょう。

間違い敬語

生ものを手みやげに持参した

早めにいただいて
ください。 → お早めに召し上がって
ください。

POINT 「いただく」は謙譲語ですから、高めるべき人の「食べる」という行為には使えません。尊敬語の「召し上がる」を使います。

時間がかかるので、座って待っていてもらう

お座りして
お待ちください。 → お座りになって
お待ちください。

POINT 洋間で椅子をすすめる場合は、「おかけになってお待ちください」と伝えます。

今後の予定を確認する

そちらはどう
いたしますか？ → そちらはいかが
なさいますか？

POINT 「いたす」は「する」の謙譲語です。「される」「なさる」は尊敬語です。「される」は敬意の軽い尊敬語です。

外部の人と行き先が同じだった

一緒にまいりませんか？ → ご一緒にいらっしゃい
ませんか？

POINT 「まいる」は「行く」の謙譲語です。相手への敬意をしっかり伝えるときには「いらっしゃる」を使います。

商品確認をすぐにするかを尋ねる

こちらで拝見され
ますか？ こちらで確認
なさいますか？

POINT 「拝見する」は謙譲語ですから、高めるべき人の行為に使うのは大変失礼なことです。

以前、取引相手の上司が同じ事を言っていた

御社の部長が申されました。 → **御社の部長がおっしゃっていました。**

POINT 「申される」は、厳粛な雰囲気を出す荘重語（そうちょうご）として、国会でも使われる言葉ですが、「おっしゃる」を使うのが一般的です。

受付を経由する旨を伝える

受付でうかがってください。 → **受付でお聞きください。**

POINT 「うかがう」は謙譲語なので間違い。場合によっては、「お聞きいただけますか？」「お聞きいただけませんか？」と言います。

取引会社の担当者が知っている事を聞かされた

○○さんは存じてるはずですが。 → **○○さんはご存じのはずですが。**

POINT 「存じる」は謙譲語なので間違い。高めるべき相手の「知っている」は、「ご存じ」を使い、「ご存じです」と表現します。

納品された物を見せる

拝見していただきたい商品があるので。 → **お見せしたい商品があるので。**

POINT 「拝見する」は「見る」の謙譲語なので間違い。「お見せする」「お目にかける」の他、「ご覧に入れる」という丁寧な表現もあります。

見本を借りるかどうかを尋ねる

見本を拝借しますか？ → **見本をお借りになりますか？**

POINT 「拝借（はいしゃく）する」は謙譲語なので間違い。「借りる」は別語形式の尊敬語がないので、「お〜になる」いう添加形式の尊敬語「お借りになる」と表現します。

取引相手が自社課長からの礼品をもらっていた

先日頂戴されてました。 → 先日お受け取りになりました。

POINT 「頂戴する」は、「もらう」の謙譲語なので間違い。前例と同様、添加形式の敬語「お受け取りになる」と表現します。

取引相手に自社の課長を待ってもらう

こちらでお待ちしてください。 → こちらでお待ちください。

POINT 「お待ちして」は、「待つ」の謙譲語で、「待つ人」を低め、「待たれる人」を高めます。この例の場合、取引相手を低め、自社の課長を高めているので間違い敬語となります。

相手に用意してほしいものがある

こちらの資料をご用意できますか？ → こちらの資料をご用意いただけますか？

POINT 「ご〜できる」は、相手の行為につけて使うのは間違いです。「お客様、試着室がご利用できます」も間違い敬語です。

CHECK

「ソト」の行為の謙譲語表現は絶対にNG!

「ウチソト逆転敬語」で特に問題なのは、自分側（ウチ）を高め、相手側（ソト）を低めてしまう点です。敬語であっても尊敬語と謙譲語では使い方がまったく違います。尊敬語だと勘違いをして謙譲語を使ってしまうケースも多くあるようですが、自分側（ウチ）がへりくだる謙譲語は、相手側（ソト）の行為に使うと大変失礼です。特にビジネスシーンで「ウチソト逆転敬語」を使わないよう注意しましょう。自分側に使う敬語は絶対相手側の行為には使わない、というルールを覚えておけば、相手を不快な気持ちにすることもありません。

CASE 03

自分を一番高めてしまう…
何様敬語

立てるべき相手を上から見下したような印象を与える表現です。ねぎらいの気持ちや感謝の気持ちを伝えようとしても、その相手が敬語を使うべき人であったら、ふさわしい言葉で表現しないと、逆に失礼にあたります。「何様のつもりだ!?」と相手が嫌な気持ちを抱くような、上から目線の言葉づかいや口調は控えましょう。

 こちらから電話することを伝える

こちらから電話を入れます。 → **こちらからお電話いたします。**

POINT　「電話を入れる」という表現は目上の人には使いません。「ご連絡いたします」と言い換えることもできます。

上司が外から戻ってきた

ご苦労様でした。 → **おかえりなさい。**

POINT　「ご苦労様」は、上位の人が下位の人をねぎらうときに使われる言葉です。「お疲れ様です」「お疲れ様でございます」と言い換えてもよいでしょう。

プレゼンで説明を終えた

おわかりいただけましたか？ **説明不足の点はありませんでしょうか？**

POINT　「わかりましたか？」「わかっていますか？」は、相手の理解力を問うようなニュアンスがあります。大切な相手には、言い換え例のように表現すれば相手の顔を立てることができます。

パソコンに不慣れな上司に尋ねる

メールはできますか？ **メールはお使いになりますか？**

POINT 「○○はできますか？」という質問を目上の人にするのは失礼です。目上の人の能力を問うような質問の仕方は避けましょう。

上司のテニスの腕前をほめる

案外上手ですね。 **教えていただけませんか？**

POINT 目上の人をほめるときは、言葉づかいに気をつけましょう。「案外」「意外に」などの言葉を使うのは失礼なほめ方です。

先輩のバッグをほめる

なかなかいいじゃないですか。 **すてきなバッグですね。**

POINT 「いつも○○さんのセンスを見習っております」「○○さんのセンスを勉強しております」などと、品物だけではなくセンスをほめる言い方もあります。

先輩からためになる話を聞いた

さすがですね。 **勉強になりました。**

POINT 「勉強になりました」と謙虚に伝えられて嫌な気持ちになる人はいないでしょう。「勉強させていただきました」という表現もあります。

同僚から取引先の情報を聞いた

その件は私もご存じでした。 → **その件は私も承知しております。**

POINT 「ご存じ」は、尊敬語ですから自分の行為には使えません。「その件は存じております」という表現もあります。

CASE 04

敬語ビギナーに多いNG表現
勘違い敬語

「本日はお休みをいただいております」という表現、よく耳にしませんか？ 実はこれ、間違い敬語なのです。理由は、社外の人に話す際に上司を高めて話しているからです。このように、広く一般に使われている言葉の中にも、勘違いして使っている敬語は数多くあります。間違っている点を再確認して、正しい敬語に言い換えましょう。

 相手の荷物を預かる

NG! お荷物失礼いたします。 → **OK!** お荷物をお持ちいたします。

POINT　「失礼いたします」と言われると、中身を点検されるのかと誤解する人もいるでしょう。この例文では、「お持ちいたします」という表現で行為を明確に表現したほうがベターです。

私事で休んでいる

NG! お休みをいただいております。 → **OK!** 休んでおります。

POINT　「いただく」は、もらう人を低め、くれる人を高める謙譲語です。例文の場合、休みを許可するのは上司ですから、外部の人に話す際に自社の上司を高めて話していることになります。

勧められて読んだ本に感銘を受けた

NG! 感動させていただきました。 → **OK!** 感動いたしました。

POINT　「させていただく」は、相手の許可を得て何かをさせてもらうときに使うのが本来の使い方です。本の内容に対して「させていただく」という敬語は使いません。

お客様が時間外に施設を利用しようとした

ご利用できません。 ご利用いただけません。

POINT 「ご利用できる」は、「ご利用する」という謙譲語の可能形です。お客様や目上の人の行為に使う表現としては誤りです。

先方への礼状を作成した

書かさせていただきました。 作成いたしました。

POINT 相手の許可を得て書かせてもらった場合には、「書かせていただきました」と言います。例文は、不要な「さ」が入った「さ入れ言葉」と呼ばれる間違い敬語です。

上司からほめられた

とんでもございません！ → 恐れ入ります。ありがとうございます。

POINT ほめられたときは、相手の言葉を否定せずに受け入れてみましょう。例文の他に、「みなさまのおかげです」「みなさまのお力です」などと言い換えることもできます。

CASE 05

ムダ敬語

物にまで敬語を使ってしまう…

車、物、ペットなど、いくら自分が気に入っているものであっても、これらに対して敬語は使いません。本来高めるべき対象ではないものに敬語を使ってしまうのは間違いです。立てるべき相手と話をする際に、話題に登場するものにではなく、聞き手へ敬意を表すことを意識できれば、正しい敬語を使うことができます。

 コートを知人へゆずる

是非着てあげてください。 → **よろしければお召しになってください。**

POINT 自分にとっては大切なコートであっても、相手にとっては古着なので、「よろしければ」という言葉を添えてみましょう。「召す」は、「着る」の尊敬語としても使われます。

 お客様の車が来た

車が到着なさいました。 → **車が到着いたしました。**

POINT 「なさる」は尊敬語であり、車には使いません。一方、「いたす」は「する」の謙譲語で、聞き手に対する敬意を表すときにも使われます。

 知人の自宅をはじめてたずねた

○○さんのお宅でいらっしゃいますか。 → **○○さんのお宅でしょうか？**

POINT 「○○さんのお宅でいらっしゃいます」がおかしいように、「○○さんのお宅でいらっしゃいますか？」もおかしな表現です。

知人が趣味で作った陶芸作品を見た

上手にできて
おられますね。 → すばらしい作品で
ございますね。

POINT 目上の知人には、「上手」とは言いにくいものです。「すばらしい」「見事」「立派」などのほめ言葉を使いましょう。

雨の中、外出する同僚がいる

今、雨が降って
らっしゃるようです。 → 今、雨が
降っております。

POINT 雨に対して尊敬語を使うのはおかしな表現です。聞き手に対する敬意を表す際には、「降っております」という言い方をします。

可愛がっていたペットが死んだ

うちのペットが
亡くなりました。 → 私どものペットが
死にました。

POINT 「亡くなる」は、人が死ぬことを遠まわしに表現する言い方です。ペットには使いません。

携帯電話の電波がやっとよくなった

携帯電話がおつながりに
なっています。 → 携帯電話がつながって
おります。

POINT 高める必要のないものには尊敬語を使いません。聞き手に対する敬意を表したいときには、「〜ております」という謙譲語Ⅱを使いましょう。（P13参照）

商品の説明をする

こちらは裏地がついて
いらっしゃいます。 → こちらは裏地が
ついております。

POINT 「いらっしゃる」は尊敬語なので、裏地を高める表現になってしまいます。お客様への敬意は謙譲語Ⅱ（P13参照）を使って「ついております」と表現しましょう。

CASE 06 お店で耳にする間違い敬語
バイトマニュアル敬語

「○○でよろしかったでしょうか？」は、飲食店などでよく耳にしますが、違和感を覚える人も多い表現です。取引相手やお客様への対応をマニュアル化する企業が増え、間違った敬語がそのまま定着している場合も少なくありません。こうしたバイトマニュアル敬語を丁寧な言葉と勘違いして使う人も多いので注意が必要です。

会計で二千円渡された
二千円から お預かりします。

→

二千円をお預かり いたします。

POINT この例文の他、千円の商品を買ったときに「千円ちょうどからお預かりします」という間違い例もありますが、「千円を頂戴いたします」と言えばすっきりします。

注文の品がそろったかを聞く
ご注文の品はおそろいに なったでしょうか？

→

ご注文の品はそろい ましたでしょうか？

POINT 注文の品に「おそろいになる」という尊敬語を使っているので間違い。「お客様はおそろいになりましたか？」などのように使うのが本来の使い方です。

飲み物を運ぶ
こちらコーヒーに なります。

→

コーヒーをお持ち いたしました。

POINT 「○○をお持ちいたしました」と言えば伝わりやすくなります。また、複数の料理を出す場合には、「こちらは○○でございます」と説明します。

間違い敬語

お客様を禁煙席へ案内する

禁煙席でよろしかったでしょうか？ → 禁煙席でよろしいでしょうか？

POINT 「よろしかったでしょうか」は、違和感を与える表現です。スタッフに使うよう指導しているお店もあるようですが、一方で、禁止しているファミリーレストランなどもあります。

連絡先を尋ねる

お電話番号をいただけますか？ → お電話番号を教えていただけますでしょうか？

POINT 「お電話番号をいただけますか？」は、「お電話番号を教えていただけますか？」の「教えて」が脱落した言い方です。「電話番号をもらえますか？」と言っていることになり間違いです。

名前を尋ねる

お名前頂戴してもよろしいですか？ → お名前をお聞かせいただけますでしょうか？

POINT 「頂戴する」の元の語は、「もらう」ですから「名前をもらえますか？」と言っていることになり間違いです。「名刺を頂戴する」と混同した間違い敬語です。

弁当を温めるかを尋ねる

お弁当のほう温めますか？ → お弁当を温めましょうか？

POINT 「お荷物のほう」「お料理のほう」などと不要な「ほう」を頻繁に用いる言い方は「ほうほう言葉」「ほう弁」とも言われ、敬語を知っている人からすれば違和感のある言葉です。

一括会計を依頼する

会計はまとめるという形でお願いします。 → お会計はまとめてお願いいたします。

POINT 「○○という形」という表現はビジネスシーンでもよく使われますが、耳障りであるという人が多い表現です。よりすっきりした表現を選ぶよう心がけましょう。

CASE 07

口ぐせになりやすいNG表現
若者言葉

「マジっすか」「ていうか」「ウザい」「私的には」「何気に」「よさげ」「ぶっちゃけ」「テンパる」。これらの言葉はすべて学生言葉や俗語であり、ビジネスの場面で使うにはふさわしくありません。つい感情的になってこのような言葉が頭に浮かんだら、正しい敬語に直してから、落ち着いて口にするくせをつけましょう。

確認をする

 それマジですか？ → **確認させていただけますでしょうか？**

POINT ビジネスシーンで確認するときには、個人的な感想は控え、「確認させていただけますか？」と尋ねましょう。

理不尽な話を聞いた

ていうか ひどいですね。 → **理不尽な話で ございますね。**

POINT 「理不尽」とは、物事の筋道が通らないこと、道理にあわないことです。「です」「ございます」ともに丁寧語ですが、「ございます」のほうがより丁寧な言い方です。

いらぬ注意を受けた

超ウザいんですけど。 → **ありがとうございます。**

POINT 余計な世話を焼かれたとしても、大人の対応としては「ありがとうございます」と受け止めましょう。どうしても余計なお世話だと伝えたいときには、「承知しております」と伝えます。

意見を求められた

私的には〜 → 私は〜と存じます。

POINT 「私的」「僕的」は、年配者が好まない表現のひとつです。「私は〜と思います」「私は〜と考えます」とするとすっきりとした表現になります。

取引先の手応えが薄い

何気にだめっぽいです。 → (採用されるのは)難しいと存じます。

POINT 「存じます」と表現すると、やわらかく取引先の感触を伝えることができます。「何気に」「っぽい」を使うと内容がとてもあいまいな印象になるので控えましょう。

よい企画を提案された

よさげじゃないですか。 → よい企画でございますね。

POINT 「よさげ」は「何気に」と同じくあいまいに感じる表現です。ビジネスシーンで目上の相手と話すときには、言葉を崩さずに伝統的な表現をしたほうが相手に安心感を与えます。

にわかに信じられない出来事が起こった

ぶっちゃけありえないでしょう！ → 驚いております。

POINT ビジネスシーンでは極端な表現やオーバーな表現は控えましょう。

焦ってミスをしてしまった

ちょっとテンパっちゃって。 → 余裕がない状態でございました。

POINT 「テンパる」は、余裕がなくせっぱ詰まった状態のときに使われますが、俗語ですのでビジネスシーンで使うのは避けましょう。

過剰敬語＆美化語の使い方

相手に対してより丁寧に敬意を表そうとするあまり、敬語を過剰につけてしまう表現を「過剰敬語」と言います。ここでは、過剰敬語の間違い文例と改善ポイント、また、表現の上品さを高める「美化語」を使う際の注意点を紹介します。

過剰敬語の改善ポイント

「ご注文をお承りいたしました。」
⬇
「ご注文を承りました。」

POINT 承るは、注文を「受ける」もしくは「聞く」の謙譲語です。「承りました」という言い方で十分な敬意があります。

一単語一敬語化でスッキリした表現を

「過剰敬語」とは、二重敬語や不必要な美化語などが組み合わさって、敬意の表現が過剰になってしまうことです。一つの単語に同じ種類の敬語をいくつも重ねてつけてしまうと、表現そのものがゴテゴテした印象になってしまいます。その結果、あまりに丁寧すぎるため、相手は違和感を覚えるかもしれません。"一単語一敬語化"の過不足のない表現を心がけて、相手に好印象を与えましょう。

過剰敬語の改善例

✗ どうぞ、お掛けになられてください。
↓
どうぞ、お掛けください。

✗ すぐにお召し上がりになられますか？
↓
すぐに召し上がりますか？

✗ ○○さんはお帰りになられました。
↓
○○さんはお帰りになりました。

✗ 部長は釣りをおやりになられるそうですね。
↓
部長は釣りをなさるそうですね。

ADVICE

敬語を重ねても、相手への敬意は高まらない

　過剰敬語は敬語を使いなれない人に目立つ代表的な間違い敬語です。丁寧な言葉づかいをしようとするがゆえの間違いのため、相手を低めてしまう失礼な間違い敬語と比べれば、相手を不快にさせるケースは少ないでしょう。ただし、「相手に精一杯の敬意を払いたい」という気持ちが伝わらないと、口先だけの丁寧さと受け取られることもありますので注意が必要です。敬語を重ねたからといって、相手への敬意が高まるものではありません。「相手を立てる」という心がけはそのままに、過不足のないスマートな敬語表現を心がけましょう。

美化語の使い方

よろしかったら、
食事におコーヒー
でも…
どうですかねぇ？

ホホホ

ハハ…

「よろしかったら、食後におコーヒーはどうですか？」
⬇
「よろしければ、
食後にコーヒーはいかがですか？」

POINT 「おワイン」「おウィスキー」「おジュース」「おミルクティ」「おコーヒー」などという表現はなじみません。

○ 正しい美化語
お土産
お金
お茶碗
お茶
お箸
ご年始
ご祝儀

✗ なじまない美化語
おコーヒー
おウィスキー
おにんじん
おブロッコリー
おキャベツ
お電車
おテレビ

なんでもかんでも「お・ご」をつけない

　美化語は上品に美化して表現するために用いられる敬語。「お・ご」を言葉の先頭につけるのが一般的な使い方で、言葉に美しい雰囲気をかもし出す効果があります。ただし、中には不自然になってしまう言葉もあるので、なんでもかんでも「お・ご」をつければよい、というものではありません。特に、外来語や長い言葉にはなじまない傾向がありますので、注意して使うよう心がけましょう。

第2章

社内・接客ですぐに使える敬語

あなたの評価がアップする

- ☐ あいさつをするとき
- ☐ 上司から指示・指摘があったとき
- ☐ 報告・連絡・相談をするとき
- ☐ 上司・同僚から食事や酒の席に誘われたとき
- ☐ 会議やプレゼンで発言をするとき
- ☐ 来客への対応
- ☐ 打ち合わせ時のトラブル
- ☐ 本社より上役が来たとき

SCENE 01

明るくさわやかに相手の目を見て、
適切なボリュームで発声しましょう。

あいさつをするとき

■ 朝出社してあいさつをする

✗ ……（黙って静かに席に着く）

○ **おはようございます。**

言い換え おはようございます。昨日はありがとうございました。

POINT 朝のあいさつは明るく、さわやかにするのが基本。仕事中、相手があいさつをしてきたら、いったん手を止め、顔を見てあいさつするよう心がけましょう。

■ 外出する

✗ 行ってきます。

○ **行ってまいります。**
17時に戻ります。

言い換え 行ってまいります。17時に戻る予定でおります。

POINT 戻る時間を伝えてから外出します。予定時間より遅れるときには、早めに連絡しましょう。

■ 外出先から戻った

✘ ただいま。

◯ **ただいま、戻りました。**

言い換え ただいま、戻ってまいりました。

POINT 戻ったときにも、さわやかにあいさつをします。職場により声の大きさを調整しましょう。

■ 上司・同僚が外出先から戻った

✘ ご苦労様です。

◯ **お疲れ様です。**

言い換え **お疲れ様でございます。**

POINT 「ご苦労様」は、目上の人が目下の人をねぎらう場合に使われます。上司には「お疲れ様でした」「お疲れ様でございました」とあいさつをする職場が増えています。

■ 上司・同僚より先に帰宅する

✘ お疲れ様でした。

◯ **お先に失礼します。**

言い換え **お先に失礼いたします。**

POINT 先に帰宅するときには、「お先に失礼します」「お先に失礼いたします」とあいさつをして帰ります。帰り支度をする際は、大きな音を立てないように気をつけましょう。

SCENE 02 上司から指示・指摘があったとき

あいまいな返答は避け、わからないときは指示内容を再確認します。

■ 上司に呼ばれた

✗ 今行きます。

○ **今、まいります。**

言い換え ただいままいります。

POINT 「ただいままいります」の「ただいま」は改まり語(P70参照)です。改まり語を使うと改まった雰囲気の会話になります。

■ 仕事の依頼を受けた

✗ はい、いいですよ。

○ **はい、いたします。**

言い換え はい、承知しました。○日までにいたします。

POINT 上司に「やってくれないか」などと仕事を頼まれた場合には、「いいですよ」ではなく、「承知しました」「いたします」などと返事をします。

■ はじめての仕事で自信がない

✗ やったことないんでわかりませんが…

> ○ 不慣れですので、
> ご指導をお願いします。

言い換え 不慣れでございますので、ご指導をお願いいたします。

POINT あいまいに語尾を濁さずに、どうしたいのか、どうしてほしいのかをきちんと伝えます。

■ なるべく早く、と言われた

✗ じゃあ、すぐやりますね。

> ○ すぐに取りかかります。

言い換え ただちに取りかかります。

POINT 「ただちに」という改まり語(P70参照)を使うと緊張感のある会話になります。

■ 細かい注文を受けた

✗ わかりました、そうします。

> ○ 承知しました。そういたします。

言い換え 承知いたしました。そのようにいたします。

POINT 細かい注文を受けたときなどは、気持ちが表情に出やすくなります。表情にも気をつけ、素直な態度が伝わるようにしましょう。

■ 指示の内容でわからないことがあった

✗ ここ、どうします？

○ こちらいかがしましょうか？

言い換え こちらいかがいたしましょうか？

POINT 「どうしますか？」の「か」が抜け「どうします？」と言うとなれなれしい印象を与えます。上司に対しては、「か」を入れてきちんと発音するよう心がけましょう。

■ 仕事の仕方を注意された

✗ ごめんなさい。

○ 申し訳ありません。

言い換え 申し訳ございません。

POINT 「ごめんなさい」は親しい相手に対してやプライベートなシーンで使います。ビジネスシーンでは、「申し訳ありません」や「申し訳ございません」が一般的な言い方です。

■ 上司にトラブルの尻拭いをしてもらった

✗ 面倒かけてすみません。

○ ご面倒をおかけし申し訳ありません。

言い換え ご面倒をおかけし申し訳ございません。

POINT 「すみません」は、ごく軽いあいさつの言葉としても使われます。「深く反省しております」「ご迷惑をおかけいたしました」などの言葉を添えてお詫びの気持ちを伝えます。

■ トラブルの責任を問われた

✘ でも、この件は私だけのせいではありません。

⭕ **チーム全体で改善策を考えます。**

言い換え　チーム全体で改善策を考えてまいります。

POINT　自分だけのミスではないときには、謝ったあとで、今後の対応策などを伝える方法もあります。

■ 今後ちゃんとするように、と言われた

✘ 気をつけます…

⭕ **以後、気をつけます。**

言い換え　以後、二度とこのようなことがないよう気をつけてまいります。

POINT　ミスをしたときは、その後の対応が大切です。きちんとした言葉で謝り、頭を下げて以後同じミスを繰り返さない心構えを示します。

SCENE 03 報告・連絡・相談をするとき

忙しい時間を避け、用件を具体的かつ簡潔にまとめるのがポイントです。

■ 報告を切り出す

✘ 昨日の営業会議の報告したいんですけど…

○ **昨日の営業会議の報告があります。**

[言い換え] 昨日の営業会議のご報告がございます。

[POINT] 相手の様子を見て、忙しそうな時間を避けて話しかけましょう。なお、「お時間をいただけますか」「お時間をいただきたいのですが」などという言葉を添えると配慮が伝わります。

■ 忙しいので後にしてくれと言われた

✘ 何時だったらいけます？

○ **何時ごろでしたらご都合がよろしいですか？**

[言い換え] 何時ごろでしたらご都合がよろしいでしょうか？

[POINT] 忙しい相手には、タイミングを見て話しかけることが大切です。また、いつも短い言葉でやり取りができるように言葉を準備しておきましょう。

■ 何件かまとめて報告することがある

✗ たくさんあるんですけど大丈夫ですか？

○ ご報告したいことが3件あります。

言い換え　ご報告したいことが3件ございます。

POINT　だらだらした話し方は相手に負担をかけます。あらかじめまとめておき、件数を数字で表すと相手に聞く準備をしてもらうことができます。

■ 上司から経過を聞かれた

✗ ごめんなさい、今話そうかと思ってたんですが…

○ ご報告が遅れ申し訳ありません。

言い換え　ご報告が遅れ申し訳ございません。

POINT　「今やろうと（話そうと）思っていた」は、事実であっても言い訳のように聞こえてしまいます。報告が遅れたときには、素直に謝ったほうが好印象を与えます。

■ 仕事の結果を報告する

✗ 例の件なんですけどうまくいってますよ。

○ ○○の件は、順調です。

言い換え　○○の件は、順調でございます。

POINT　「例の件」という言い方は、お互いに違う事柄を指している場合もあり、行き違いの元となる恐れがあります。内容を具体的にしっかりと伝えましょう。

■ 上司あての伝言を伝える

✗ さっき打ち合わせ日を変えてくれって電話がありました。

◯ 先ほど打ち合わせ日時の変更依頼がありました。

言い換え 先ほど打ち合わせ日時の変更依頼がございました。

POINT 「先ほど」は、「さっき」の改まり語（P70参照）です。報告はできるだけコンパクトにまとめましょう。

■ 電車遅延で会社に遅れる

✗ 電車が遅れちゃって…

◯ 電車が遅れているため遅刻してしまいます。

言い換え 電車が遅れているため遅刻してしまいます。申し訳ございません。

POINT 状況に応じて、おおよその到着時間や運転再開の見通しが立っていないなどの情報も伝えましょう。

■ 体調を崩して休む

✗ 風邪をひいたので今日お休みします。

◯ 38度の熱があり、休みたいのですが許可をいただけますか？

言い換え 38度の熱があり、休ませていただきたいのですがご許可をいただけますか？

POINT 体調が悪く休むときには、具体的に説明します。「ちょっと熱があって」「ちょっと咳が出るので」というようなあいまいな表現は避け、周りが納得できるように伝えましょう。

■ 私事で休暇がほしい

✗ あさってから休みもらっていいですか？

○ 明後日（みょうごにち）から休みたいのですが、許可をいただけますか？

言い換え 明後日から休ませていただきたいのですが、ご許可をいただけますか？

POINT 数日の休みを取る場合には、繁忙期を避け、事前に許可を取っておきましょう。やむを得ない事情の場合は、事情を話し、丁寧にお願いすることが大切です。

■ 翌日営業先に立ち寄ってから会社へ向かう

✗ 明日は△△社に寄ってから来ますね。

○ 明日は△△社に立ち寄ってから出社します。

言い換え 明日は△△社に立ち寄ってから出社いたします。

POINT おおよその出社時間も伝えておきます。許可を得る際には、「よろしいでしょうか？」と確認しましょう。

■ 打ち合わせが長引いたので会社に戻らず帰宅する

✗ もう遅いんでこのまま帰ります。

○ 遅くなりましたので、社に寄らずに帰宅してもよろしいですか？

言い換え 遅くなりましたので、社に寄らずに帰宅させていただいてもよろしいでしょうか？

POINT 事前に許可を得ていない場合は、上司の許可を得てから帰宅しましょう。「いいですか？」→「よろしいですか？」→「よろしいでしょうか？」の順に丁寧度がアップします。

■ 急用ができて早退する

✘ 用事ができたんで早退させてください。

○ **急用ができてしまいましたので、早退してもよろしいですか？**

言い換え 急用ができてしまいましたので、早退させていただいてもよろしいでしょうか？

POINT 相手が納得できる理由を具体的に述べて、丁寧にお願いしましょう。急な遅刻、早退は周りに迷惑をかけますので、丁寧な言葉でお願いする必要があります。

■ 連絡先を伝える

✘ 何かあったら携帯に電話もらえますか？

○ **何かありましたら携帯電話に連絡していただけますか？**

言い換え 何かございましたら携帯電話にご連絡いただけますか？

POINT 「ご連絡いただけますか？」「ご連絡いただけませんでしょうか？」などと、相手に依頼する言い方をするとより丁寧に伝わります。

■ 相談を切り出す

✘ あの～、ちょっと相談っていうか…

○ **ご相談があります。**

言い換え ご相談がございます。

POINT 忙しい相手に話しかけておいて、「あの～」「その～」という会話のノイズを入れるのは失礼です。相談内容をコンパクトにまとめ、準備をしてから話しかけましょう。

■ 急ぎの確認がある

✗ すいません、これを先に確認したいんですけど！

○ **申し訳ありません。こちらを先に確認したいのですが…**

[言い換え] 申し訳ございません。こちらを先に確認させていただきたいのですが…

[POINT] 急な用件をお願いするときには、相手にかける負担も大きいので、丁寧な言葉で、謙虚な態度で臨みましょう。

■ 込み入った相談を持ちかける

✗ 面倒な話なんですけどね…

○ **込み入ったご相談で申し訳ないのですが…**

[言い換え] 込み入ったご相談で申し訳ございませんが…

[POINT] 「面倒」は、手間がかかってわずらわしいという意味があり、主観が入ります。主観を入れずにできるだけ客観的に話すことがポイントです。

■ お礼を言う

✗ すごく参考になりました。

○ **大変勉強になりました。早速○○します。**

[言い換え] 大変勉強になりました。早速○○いたします。

[POINT] 「参考になった」では、相談に乗ってくれた相手に対して失礼です。相手の答えを受けて自分がどう行動するのかを示すと、相手からの信頼度もアップすることでしょう。

SCENE 04

断る際はハッキリとした理由を述べ、
お酒が飲めない場合は正直に伝えましょう。

上司・同僚から食事や酒の席に誘われたとき

■ 食事に誘われた

✗ いいですね！

○ **喜んでお供します。**

言い換え 喜んでお供いたします。

POINT 目上の人に一緒に出かけることを丁寧に表現する際は、「お供する」を使います。「お供させていただきます」とするとより丁寧になります。

■ 先約があるので断る

✗ 急に言われても無理ですよ。

○ **あいにく、○○の予定がありまして…**

言い換え あいにく、○○の予定がございまして…

POINT 誘いを断るときには、相手が納得できるような理由を伝えます。

■ 酒の席で飲むよう促される

✗ はい、飲みます！

○ **ありがとうございます。いただきます。**

言い換え ありがとうございます。お言葉に甘えて、いただきます。

POINT お礼を言ってからお酒に口をつけましょう。また、目上の相手と同席した場合は、相手が口をつけてから自分も口をつけるのがマナーです。

■ お酒が苦手であることを伝える

✗ お酒飲めないんですよね…

○ **不調法でして。**

言い換え 不調法でございまして。

POINT 「不調法（ぶちょうほう）」は、お酒や芸事のたしなみがないことを意味します。お酒を断るときの決まり文句としても使われます。

■ 誘ってもらったことへの感謝を伝える

✗ 今日はありがとうございました。

○ **お誘いいただき、ありがとうございました。**

言い換え お誘いいただき、ありがとうございました。楽しいひとときでございました。

POINT マナーとして「楽しい時間でした」「おいしいお食事でした」などという言葉も添えると丁寧さがアップします。

SCENE 05

ストレートかつ露骨な表現・発言を避け、場にふさわしい言葉を選びます。

会議やプレゼンで発言をするとき

■ プレゼンを始める

✗ じゃあ、私が説明します。

○ それでは、ご説明します。

言い換え それでは、ご説明いたします。

POINT 「じゃあ」という言葉は「では」が変化した言葉です。つい言ってしまいがちですが、改まった席では避けるよう心がけましょう。

■ プレゼンの説明

✗ ○○の特長は…えっとですね。

○ ○○の特長は3点あります。

言い換え ○○の特長は3点ございます。

POINT 最初に話す内容を整理し、わかりやすくまとめておきます。プレゼンなどの場では、改まった言葉を選び、ポイントを絞って話しましょう。

■ 質問を受ける

✘ 何か質問とかありますか？

○ ご質問はありますか？

言い換え ご質問はおありでしょうか？

POINT 「説明不足の点はありませんでしたでしょうか？」「説明不足の箇所がありましたらご指摘をお願いいたします」などの言い方もあります。

■ プレゼンの終了

✘ 終わりです。

○ 以上、○○についてご説明しました。

言い換え 以上、○○についてご説明いたしました。

POINT 最後に上記のようにまとめると相手の印象に残りやすくなります。終わったら、きちんと頭を下げ、折り目正しさを表現します。

■ プレゼンの結果を報告する

✘ うちの会社が高い評価をもらいました。

○ 当社が高い評価をいただきました。

言い換え 当社が高い評価を賜りました。

POINT 「賜る(たまわる)」は、尊敬語としても謙譲語としても使い、ここでは謙譲語として使っています。改まった場面、文書で多く使われる表現です。

■ 会議で質問する

✗ 質問なんですけど…

○ **質問してもよろしいですか？**

言い換え 質問してもよろしいでしょうか？

POINT 場をわきまえて、質問してもよいのか否かを判断しましょう。質問してよい場であれば、自分の立場に合わせて言葉を選びます。

■ 気になる点があることを伝える

✗ なんか今の変ですよ。

○ **確認したいことがあります。**

言い換え 確認させていただきたいことがございます。

POINT 相手の言っていることに疑問を抱いた場合は、ストレートに伝えるのではなく、角の立たない穏やかな言い回しで伝えましょう。

■ 理解ができなかったことを伝える

✗ もう一回わかりやすく言ってくれませんか？

○ **○○について詳しく教えていただけますか？**

言い換え ○○について詳しくお教えいただけますか？

POINT 「わかりやすく言ってください」は、大変失礼な言い方です。相手を立てながら、こちらの要望を伝えましょう。

■ 要点を確認する

✗ ○○○ってことですよね？

⭕ **○○○ということでしょうか？**

言い換え ○○○ということでよろしいでしょうか？

POINT 「ってこと」は、「ということ」ときちんと発音します。会議の場では特にきちんと発音することも心がけましょう。

■ 質問に対する回答をもらった

✗ そうなんですか、どうもです。

⭕ **お答えいただきありがとうございます。**

言い換え お答えいただきありがとうございます。よく理解できました。

POINT 会議の場面では、相手を立て、礼儀正しい態度を保ちましょう。

■ 相手の意見を聞きたい

✗ そっちはどう思ってるんですか？

⭕ **そちらはどのようにお考えですか？**

言い換え そちらはどのようにお考えでいらっしゃいますか？

POINT 会議では「そちら」「どのように」という改まり語（P70参照）を使うと、その場に合った雰囲気になります。

■ 発言するための前置き

✘ ちょっと考えがあるんですが。

○ **私見ですが。**

言い換え 私見でございますが。

POINT 「私見(しけん)」は、敬語ではありませんが、へりくだりの表現として使われることがあります。「卑見(ひけん)」「愚見(ぐけん)」などよりも軽いへりくだり、と覚えておきましょう。

■ 自分の意見を言う

✘ だったらB案でいったほうがいいんじゃないですか？

○ **それでしたらB案のほうがよいのではないでしょうか？**

言い換え それでしたらB案のほうがよろしいのではないでしょうか？

POINT 「よい」よりも「よろしい」のほうがより丁寧な印象になります。目上の相手に意見を述べるときには、相手の立場や心情に配慮して、言葉や言い方を選ぶよう心がけましょう。

■ 自分の意見を反対された

✘ …だめってことですか？

○ **反対でしょうか？**

言い換え 反対でいらっしゃいますか？

POINT 反対されたときには、冷静に対応します。落ち着いた態度と言葉づかいを心がけましょう。また、「いらっしゃる」と言い換えることで相手にやわらかく伝わります。

■ 意見に賛成する

✗ まぁ、個人的にはそれでいいと思いますよ。

◯ **私は賛成します。**

言い換え 私は賛成いたします。

POINT 端的に言えるときには、できるだけすっきりと話しましょう。すっきり話すと相手の頭の中に入っていきやすくなります。

■ 大体賛成の上で疑問点を述べる

✗ 大体OKですけど、納期って大丈夫ですか？

◯ **こちらの納期だけが心配です。**

言い換え こちらの納期だけが心配でございます。

POINT 「○○って」は、若者を中心によく使われる表現ですが、年配者の中には嫌う人もいます。改まった場ではなるべく使わず、「○○は」「○○が」と言い換えましょう。

■ 反対意見を述べる

✗ それは絶対おかしいです！

◯ **○○という見方はできませんか？**

言い換え ○○という見方はできませんでしょうか？

POINT 「絶対おかしい」などの相手の主張を全面的に否定する言葉は、ビジネスシーンでは控えるのがマナーです。相手を立てながら自分の意見を述べましょう。

■ 重い空気の中で発言する

✕ …ちょっと言わせてもらっていいですか？

> ◯ **発言してもよろしいですか？**

言い換え 発言してもよろしいでしょうか？

POINT 「ちょっと」はあいまいな言葉であり、改まった場にはふさわしくありません。また、「言わせてもらう」も改まった場では控えたい言葉です。

■ 会議の最中に入室する

✕ ……（無言でこっそり席に着く）

> ◯ **遅くなり申し訳ありません。**

言い換え 遅くなり申し訳ございません。

POINT 会議の流れを止めないように小さな声であいさつしてから着席します。

■ 会議中に具合が悪くなった

✕ 気持ち悪いんでトイレ行っていいですか？

> ◯ **気分がすぐれませんので、席をはずしてもよろしいですか？**

言い換え 気分がすぐれませんので、席をはずしてもよろしいでしょうか？

POINT 露骨な表現を避け、品のよい言葉に言い換えて許可を得ます。

■ 会議中に緊急の連絡が入り、席をはずす

✗ 先方さんから電話なんで、ちょっとはずします。

○ 先方からの電話ですので、席をはずします。

言い換え 先方からの電話でございますので、席をはずします。

POINT 「ちょっと」はあいまいな表現なうえ、ビジネスシーンに適しません。席をはずすときには、静かに大きな物音を立てないようにスマートに退室しましょう。

■ いったん退席して、また戻る

✗ どうもすみません。

○ 席をはずし、申し訳ありません。

言い換え 席をはずし、申し訳ございません。

POINT 会議中の入退室は周りに迷惑をかけるので、「すみません」などと軽く済ませず丁寧に謝ります。できるだけ席をはずさずに、集中して会議ができるように事前に準備しておきましょう。

SCENE 06

来客への対応

来客に対しては「お疲れ様」「すいません」ではなく、来ていただいたことへのお礼の気持ちを伝えます。

■ 来客を出迎える

✗ わざわざ来てもらってすみません。

○ **おいでいただき、ありがとうございます。**

言い換え お越しいただき、ありがとうございます。

POINT 「すみません」ではなく、お礼を述べましょう。「おいでいただく」よりも「お越しいただく」のほうが丁寧な言い方です。

■ 初対面の相手に名刺を渡す

✗ はじめまして…私こういう者です。（名刺を差し出す）

○ **はじめまして。○○と申します。**

言い換え
- はじめてお目にかかります。○○○○と申します。
- お目にかかれて光栄でございます。○○○○と申します。

POINT 初対面のあいさつのときは、"フルネーム＋「申します」"を使います。「ございます」は2回目以降に会ったときに使いましょう。

■ 悪天候の中、取引相手がたずねてきた

✗ 雨の中大変でしたね、お疲れ様です。

○ **雨の中をおいでいただき、ありがとうございます。**

言い換え 雨の中をお越しいただき、ありがとうございます。

POINT 「お疲れ様です」ではなく、感謝の気持ちを伝えましょう。

■ 顔なじみの取引相手がたずねてきた

✗ お久しぶりです、その節はどうも。

○ **ご無沙汰しています。その節はお世話になりました。**

言い換え ご無沙汰しております。その節はお世話になりありがとうございました。

POINT 目上の相手には、「ご無沙汰しております」とあいさつをします。

■ 同僚・上司への来客を出迎える

✗ あ、どうも。

○ **いらっしゃいませ。**

言い換え いらっしゃいませ。いつもお世話になっております。

POINT 同僚や上司の来客にも丁寧に接します。一番いけないのは、無視をすることです。来客に気がついたらすぐにあいさつをしましょう。

■ 誰に用があるのかを尋ねる
✗ 誰に用ですか？

> ○ どの者にご用ですか？

言い換え どの者にご用でしょうか？

POINT まれに「どなたにご用ですか？」と耳にしますが、「どなた」は、「誰」の尊敬語ですから社内の人を指して言うのは誤りです。

■ 用件を聞く
✗ 何のご用でしょう。

> ○ どのようなご用ですか？

言い換え どのようなご用でしょうか？

POINT 「どのような」という改まり語（P70参照）を使います。相手を責めるような詰問口調にならないように注意しましょう。

■ 担当を呼ぶため待っていてもらう
✗ ○○課長ですね？ ちょっと待っててください。

> ○ 課長の○○ですね。
> 少々お待ちください。

言い換え 課長の○○でございますね。少々お待ちくださいませ。

POINT 「○○課長」と言うと、自社の課長を高めることになってしまいます。他社の人に対しては、「課長の○○」と表現しましょう。

■ 応接室へ案内する

✗ こちらに座って、もうちょっとお待ちください。

> ○ こちらにおかけになって、少々お待ちください。

言い換え こちらにおかけになって、少々お待ちくださいませ。

POINT 「かける」を尊敬語にすると「おかけになる」になります。かけてもらう椅子を指をそろえて指し示しながら伝えましょう。

■ お茶を出す

✗ どうぞ飲んで下さい。

> ○ 粗茶ですが、どうぞ。

言い換え 粗茶でございますが、どうぞ。

POINT 最近では、「粗茶（そちゃ）」「粗菓（そか）」という言葉は使う人が少なくなりましたが、年配のお客様に使うと「伝統的な言葉づかいを知っている人」という印象を与える表現です。

■ 来客を見送る

✗ 今日はお疲れ様でした。

> ○ 本日はありがとうございました。

言い換え 本日はお越しいただきありがとうございました。

POINT 内容によっては、「貴重なお話をお聞かせいただきありがとうございました」「有意義な情報をいただきありがとうございました」などの言葉をつけ加えると、より丁寧になります。

SCENE 07 打ち合わせ時のトラブル

謝罪の言葉は丁重に伝えましょう。
相手に対する気遣いの言葉も忘れずに。

■ 相手を待たせてしまった

✗ すいません、お待たせしちゃって…

○ **お待たせして、申し訳ありません。**

言い換え お待たせして、申し訳ございません。

POINT 待たせた場合には、言葉だけでなく気持ちを込めて丁重にお詫びしましょう。「申し訳ありません」より「申し訳ございません」のほうがより丁寧な印象になります。

■ 打ち合わせの担当者が遅れている

✗ もうちょっとだけ待っててくださいね。

○ **今しばらく お待ちいただけますか？**

言い換え 今しばらくお待ちいただけないでしょうか？

POINT 相手にも都合がありますから、「待っていてください」と無理強いするのではなく、質問という形で依頼してみましょう。

■ 雑談（相づち）で場をもたせる

✕ あ〜…そうなんですか。

○ **そうなのですか。**

言い換え さようでございますか。

POINT 「そうでございますか」は、「そう」と「ございます」のバランスが悪いので、「そうですか」あるいは、「さようでございますか」を使います。

■ 相手が少しイライラしてきた

✕ 何してるんですかね…ちょっと見てきます。

○ **様子を見てまいります。**

言い換え お待たせして申し訳ございません、様子を見てまいります。

POINT 丁寧に言うときには、「お待たせしており申し訳ございません」と謝ってから「様子を見てまいります」と伝えましょう。

■ 打ち合わせの資料が足りなかった

✕ 勘違いしてまして…ごめんなさい。

○ **勘違いしており申し訳ありません。**

言い換え 勘違いしており申し訳ございません。

POINT ビジネスの場で「ごめんなさい」は使わないようにしましょう。言った本人だけでなく会社自体の質まで疑われてしまいます。謝罪は「申し訳ございません」で統一しましょう。

■ 自分で判断できないことを質問された

❌ すみません、私からは何とも…

> ⭕ 申し訳ありません。
> 確認の上、お返事します。

言い換え 申し訳ございません。確認の上、お返事いたします。

POINT わからないことをわからないと伝えて済ませてしまうのではなく、上司に確認してから相手に回答しましょう。

■ 打ち合わせ中に、別の取引先から携帯に電話がかかってきた

❌ すみません。(その場で電話をとる)

> ⭕ 失礼します。(席をはずす)

言い換え 失礼いたします。(席をはずす)

POINT 取引相手の前で、他の取引先の電話に出るのはマナー違反です。その電話に出なければならないときには、「失礼いたします」と声をかけてから退室しましょう。

■ 打ち合わせ中に、急いで確認したい件があると同僚に言われた

❌ ちょっと行ってきます。

> ⭕ 失礼します。すぐに戻ります。

言い換え 失礼いたします。すぐに戻ってまいります。

POINT 打ち合わせ中や接客中に退室するのはマナー違反ですが、やむを得ない場合には、「失礼いたします」と言ってから退室します。

■ 打ち合わせ中の上司に急ぎの連絡が入った

✗ 失礼します。課長、お電話が入ってます。

○ 失礼します。

言い換え 失礼いたします。

POINT 課長をドアの外まで呼び出して、電話が来ていることを伝えます。来客の前で連絡をするのはマナーに反するので控えましょう。

■ 打ち合わせ中の上司の判断が早急に必要になった

✗ 話し中、すみません。

○ お話し中、申し訳ありません。

言い換え お話し中、申し訳ございません。

POINT 打ち合わせ中や来客中の呼び出しはマナー違反ですが、やむを得ない場合は、上司をドアの外まで呼び出して判断を仰ぎます。

■ 打ち合わせ中に具合が悪くなった

✗ ちょっと休憩もらってもいいですか？

○ 休憩しましょうか。

言い換え 休憩いたしましょうか。

POINT 打ち合わせは、接客する側に主導権がありますから、適宜休憩を入れ、お茶やコーヒーなどを出し、その間に気分を整えます。

SCENE 08

相手が親しげに話しかけてきても、節度ある丁寧な言葉づかいで応対します。

本社より上役が来たとき

■ 上役を出迎える①

✘ ようこそいらっしゃいました！

○ **お待ちしていました。**

言い換え お待ちしておりました。

POINT 「ようこそ」や「いらっしゃい」は、外部のお客様に対するあいさつなので控えます。お辞儀もきちんとし、礼儀正しく接しましょう。（P179参照）

■ 上役を出迎える②

✘ 遠路はるばるご苦労様です。

○ **遠方よりおいでいただきありがとうございます。**

言い換え ご遠方よりおいでいただきありがとうございます。

POINT 「ご苦労様」は、目上の人が目下の人をねぎらう場合に使われます。目上の人には「ありがとうございます」とお礼を伝えましょう。

■ 応接室に案内する

✗ あっちです。

○ 第一応接室にご案内します。

言い換え 第一応接室にご案内いたします。

POINT 案内する先を告げ、上役の斜め前を歩いて案内します。完全に後ろ姿を見せることがないように気をつけ、相手の歩くスピードに合わせて案内しましょう。

■ 仕事の調子を聞かれた

✗ なんとかやってます。

○ みなさんに指導していただいております。

言い換え みなさんにご指導いただいております。

POINT 上役に質問されたら、丁寧な敬語を選びながら、具体的かつ謙虚にハキハキと答えます。「ご指導いただく」の「ご〜いただく」はビジネスシーンでよく使われる謙譲語です。

■ 「頑張れ」と声をかけられた

✗ ありがとうございます。色々教えて下さい！

○ ありがとうございます。今後ともご指導をよろしくお願いします。

言い換え ありがとうございます。今後ともご指導をよろしくお願いいたします。

POINT 上役が親しげに話しかけてくれたとしても、高い敬意を持った丁寧な言葉で返します。節度のある応対をするように心がけましょう。

column 02

丁寧な言い回しのテクニック

ビジネスでは話す相手や会話の内容によって言葉づかいを使い分けるセンスが求められます。ここでは「改まり語」や「クッション言葉」など、会話の中に加えることでより丁寧な印象を与えるテクニックを紹介します。

改まり語の使い方

あの企画の件だけど…　あ〜、ちょっと考えさせてください！　う〜ん

「去年の暮れに送った企画は、
考え直させてください」

⬇

「昨年の暮れにお送りした
企画は、再考させてください」

POINT 社外の人との打ち合わせ中、練り直したかった企画についての会話。改まり語を使うと、「去年」→「昨年」、「考え直す」→「再考する」となります。

会話に改まった雰囲気をかもし出すテクニック

相手に丁寧な印象を与え、改まった雰囲気をかもし出す言葉を「改まり語」と呼びます。会議やレセプションの場面で使われることが多く、また、記録に残りやすい文書作成の際にも役に立つ言葉です。改まり語を使うと、後に続く言葉も自然と丁寧にしようとする意識が働くので、目上の人と話す際に積極的に使いましょう。

〈単語の改まり語〉

普段の言葉	改まり語
あした	明日(みょうにち)
おととし	一昨年(いっさくねん)
きのう	昨日(さくじつ)
この間	先日(せんじつ)
さっき	先ほど
いくら	いかほど
後で	後ほど
わたし	わたくし
いま	ただいま
これから	今後
この前	前回
あっち	あちら
去年	昨年(さくねん)
ゆうべ	昨夜(さくや)
この次	次回

〈動詞(副詞)の改まり語〉

普段の言葉	改まり語
どう	いかが
どんな	どのような
謝る	謝罪する
書く	記入する
考え直す	再考する
作る	作成する
送る	送付する
配る	配布する
確かめる	確認する
頼む	依頼する
少し	少々
もうじき	まもなく
忘れる	失念する
すぐに	早急に
前	以前

クッション言葉の使い方

「○○部の△△さんにお会いしたいのですが」
⬇
「恐れ入ります。お尋ねしたいことがあるのですが、○○部の△△さんにお目にかかるには、どのようにすればよろしいでしょうか」

POINT いきなり本題に入るのではなく、「恐れ入ります」「お忙しいところ申し訳ございませんが」といったクッション言葉を入れることで、相手にやわらかく伝わります。

相手に物事をやわらかく伝えるテクニック

「クッション言葉」とは、相手への配慮を感じさせ、やわらかく本題を伝えるために使う言葉です。依頼や断り、反論をする場合、唐突に前置きもなく用件を伝えることは、相手に対してとても失礼です。用件に入る前に、クッション言葉を添えることで、配慮する気持ちを伝えることができます。ただし、会話中に過剰に入れすぎると相手を疲れさせてしまうので、大切な場面で使うよう心がけましょう。

尋ねるときのクッション言葉
- 「お尋ねしたいことがあるのですが」
- 「うかがいたいことがあるのですが」
- 「お差し支えなければ」
- 「失礼ですが」
- 「恐れ入りますが」

依頼するときのクッション言葉
- 「恐縮でございますが」
- 「お手数をおかけいたしますが」
- 「ご迷惑をおかけいたしますが」
- 「ご面倒でなければ」
- 「ご都合がよろしければ」
- 「お時間がありましたら」

詫びるとき・断るときのクッション言葉
- 「あいにくでございますが」
- 「申し訳ございませんが」
- 「大変残念でございますが」
- 「お役に立てずに申し訳ございませんが」
- 「せっかくでございますが」
- 「お断りするのは心苦しいのですが」

「お・ご＋〜になる」の使い方

「こちらの資料は読まれましたか」
⬇
「こちらの資料はお読みになりましたか」

POINT 「お・ご＋〜になる」を加えた敬語表現のほうが、より丁寧な印象を与えます。「〜れる」を使った表現は、敬意が低く伝わるので避けましょう。

「お・ご＋〜になる」形式で敬語をレベルアップ

ビジネスシーンでは目上の人と話す機会が多いものです。目上の人と良好なコミュニケーションをとるためには、正しい敬語を使うことが不可欠ですが、より丁寧度がアップする敬語表現を使うことをおすすめします。敬語をレベルアップさせるテクニックのひとつが「お・ご＋〜になる」という添加形式の敬語です。以下に使用例を紹介します。

普段の言葉	➡ お・ご＋〜になる
歩く	お歩きになる
会う	お会いになる
書く	お書きになる
聞く	お聞きになる
話す	お話しになる
帰る	お帰りになる
決める	お決めになる
利用する	ご利用になる

第3章
社外・接客ですぐに使える敬語

周囲から信頼される

- ☐ 取引会社へ訪問時のあいさつ
- ☐ 取引相手との打ち合わせ
- ☐ 接客するときの基本応対
- ☐ お店で接待する・接待される

SCENE 01

"フルネーム+申します"が
あいさつの基本です。

取引会社へ訪問時のあいさつ

■ 受付で取り次いでもらう

✗ 14時から◯◯さんと約束してる××社の△△ですが…

◯ **14時から◯◯さんとお約束している××社の△△と申しますが…**

言い換え 14時から◯◯さんとお約束しております××社の△△と申しますが…

POINT 名乗るときに「申します」をつけることで、より丁寧な印象を与えます。この際「アポ」などの省略語を使わないよう心がけましょう。

■ 初対面の相手へのあいさつ

✗ どうもはじめまして。

◯ **はじめまして。**

言い換え はじめてお目にかかります。

POINT 「どうも」は、軽いあいさつのときに使われます。頻繁に使うと「軽い人」という印象を与えかねませんので、ビジネスシーンの初対面の相手には使わないように気をつけましょう。

■ 打ち合わせに遅れてしまった

❌ すみません、迷っちゃって…。

⭕ **申し訳ありません。
迷ってしまいまして…**

[言い換え] 申し訳ございません。迷ってしまいまして…

[POINT] やむを得ず遅刻してしまったときは、「申し訳ございません」と丁寧に謝り、その後に事情を説明します。

■ 顔見知りとのあいさつ

❌ お疲れ様です！ この間はありがとうございました。

⭕ **お世話になっております。
先日はありがとうございました。**

[言い換え] 大変お世話になっております。先日はありがとうございました。

[POINT] 「この間」を改まり語（P70参照）にすると「先日」となります。「お世話になっております」はビジネスシーンで頻繁に使われる決まり文句です。

■ 同行した上司を紹介する

❌ うちの会社の○○部長です。

⭕ **当社の部長の○○でございます。**

[言い換え] 弊社の部長の○○でございます。

[POINT] 弊社の「弊」には、「やぶれる」、「粗末な」という意味があります。自分側のことをへりくだって言うときに使います。「弊社（へいしゃ）」「弊店（へいてん）」「弊紙（へいし）」などと使います。

間違い敬語 ／ 社内・接客 ／ 社外・接客 ／ 電話応対 ／ 就職活動 ／ 日常会話 ／ ビジネスメール

■ 名刺交換をする

✗ 私こういう者です。（名刺を差し出す）

○ 私××社の△△と申します。

言い換え 私××社の△△△△と申します。

POINT 「私」は、「わたくし」と読みます。"フルネーム＋申します"で自己紹介するとより丁寧になります。また、フルネームで名乗ると相手の印象に残りやすくなります。

■ 相手の名刺をもらう

✗ あ、いただきます。

○ 頂戴します。

言い換え 頂戴いたします。

POINT 「頂戴する」は、「いただく」を格調高くした表現です。「いただく」という表現よりもやや改まった感じを与えますので、名刺交換の際には頻繁に使われます。

■ 相手の名前の読み方がわからない

✗ なんて読むんですか？

○ どのようにお読みすれば よろしいですか？

言い換え どのようにお読みすればよろしいでしょうか？

POINT 和やかな雰囲気を演出する言葉づかいを意識しましょう。「読み方を教えていただけますか？」「読み方をお教えいただけますか？」という言い方もあります。

■ 自分の名字の読み方を聞かれた

✗ ○○○って読みます。

○ ○○○と読みます。

言い換え ○○○と申します。

POINT ビジネスにおける初対面でのあいさつは、"フルネーム＋申します"という表現をするのが基本です。はっきり、ゆっくり発音します。

■ 名刺を切らしてしまった

✗ うっかり忘れてきちゃいまして…

○ あいにく切らしておりまして…

言い換え あいにく切らしておりまして…後日改めてごあいさつにうかがいます。

POINT 「名刺を切らしておりまして」は、名刺を忘れたときの決まり文句です。後日改めてあいさつに出向くか、手紙をつけて郵送しましょう。

> 私、C社の永岡敬子と申します

> む、できる！

スッ

間違い敬語

社内・接客

社外・接客

電話応対

就職活動

日常会話

ビジネスメール

■ 手みやげを渡す

✘ これ皆さんで食べてください。

◯ こちら皆さんで召し上がってください。

言い換え こちら皆様でお召し上がりください。

POINT 「これ」を改まり語(P70参照)の「こちら」に言い換えます。「皆さん」を丁寧に言うと「皆様」になります。「召し上がる」は、「飲食する」の尊敬語として使われます。

■ 打ち合わせを切り上げる

✘ ではそろそろ…。

◯ 今日はありがとうございました。

言い換え 本日はありがとうございました。

POINT 打ち合わせを切り上げるときには、過去形の表現で、「ありがとうございました」とあいさつします。打ち合わせを終える際は資料なども整えてしまいやすくしておきましょう。

■ 次回の約束を取り付ける

✘ 次はいつやりましょうか?

◯ 次回の打ち合わせのご都合のよい日を教えてください。

言い換え 次回の打ち合わせのご都合のよい日を教えていただけますか?

POINT 「次」を改まり語(P70参照)にすると「次回」になります。「教えてください」よりも「教えていただけますか?」のほうが相手に配慮した丁寧な印象を与えます。

■ 有意義な打ち合わせになったことへの感謝を伝える

✗ 参考になる話をありがとうございました。

○ **貴重なお話を聞かせていただき、ありがとうございました。**

言い換え **貴重なお話をお聞かせいただき、ありがとうございました。**

POINT 「参考になった」という表現を目上の相手にするのは失礼です。決まり文句である「貴重なお話をうかがった」などに置き換えましょう。

■ 見送りをしてくれた

✗ わざわざすみませんね。

○ **ありがとうございます。**

言い換え **ご丁寧にありがとうございます。**

POINT 「わざわざ」には、「しなくてもよいことをことさらにする」というマイナスの意味もあります。相手の気分を害さないために、他の言葉に言い換えましょう。

■ 取引先から出る

✗ では、さようなら。

○ **失礼します。**

言い換え **失礼いたします。**

POINT 「さようなら」では相手への敬意が感じられませんので、目上の相手には使いにくい言葉です。ビジネスシーンでは「失礼します」「失礼いたします」を使います。

■ アポ無しで訪問した

✗ 近くに来たんで…

◯ **近くまでまいりましたので…**

言い換え お近くまでまいりましたので…

POINT 突然の訪問は、相手に負担をかけます。理由を述べたあと、「お取り次ぎいただけますか?」と丁寧にお願いしましょう。

■ 担当者が不在だった

✗ そうですか、また来ますね。

◯ **そうですか、日を改めてまいります。**

言い換え さようでございますか。日を改めてうかがいます。

POINT 「まいる」「うかがう」はともに謙譲語ですが、「うかがう」には訪問先を高める働きがあります。

■ 伝言を残す

✗ △△が来たとお伝えください。

◯ **△△がうかがったとお伝えいただけますか?**

言い換え △△がうかがったとお伝えいただけませんでしょうか?

POINT 突然の訪問で伝言を残す場合には、丁寧にお願いする必要があります。「ください」という命令形ではなく、相手の意向を尋ねる形にします。

■ 担当者と面会できた

✕ どうもお世話様です。

◯ **いつもお世話になっております。**

言い換え いつも大変お世話になっております。

POINT 突然の訪問で面会してくれたら、いつも以上に丁寧なあいさつを心がけます。表情や声でも感謝の気持ちを伝えましょう。

■ 急な訪問を謝罪する

✕ いきなり押しかけてすみません。

◯ **突然お邪魔して申し訳ありません。**

言い換え 突然お邪魔して申し訳ございません。

POINT 「すみません」ではなく「申し訳ございません」と丁寧に謝ります。また、「お邪魔」は、訪問の際のあいさつ語としても使われます。

■ 別れのあいさつ

✕ 今度は連絡入れてから来ます。

◯ **次回はご連絡してからまいります。**

言い換え 次回はご連絡してからうかがいます。

POINT 「次回はご連絡してからうかがわせていただきます」という言い方もあります。「連絡を入れる」という表現は、敬意がありませんので社外の人には使えません。

■ 取引先で顔見知りの担当者と会った

✗ どうも！お疲れ様です。

> ○ いつもお世話になっております。

言い換え いつも大変お世話になっております。

POINT 相手との関係性にもよりますが、会話の第一声を丁寧なあいさつにすると、今後の相手との関係をより円滑に保つことができます。

■ 別の用事がある旨を伝える

✗ ちょっと今回は別の仕事で来まして…

> ○ 今回は別の仕事でまいりまして…

言い換え 今回は別の仕事でうかがいまして…

POINT この場合の「ちょっと」は、余計な言葉なので必要ありません。ビジネスシーンでは、常に要点をまとめたすっきりとした会話を心がけましょう。

■ 外出先で取引相手とばったり会った

✗ 奇遇ですね、どこまで？

> ○ 奇遇ですね。
> どちらまでお出かけですか？

言い換え 奇遇でございますね。どちらまでお出かけでいらっしゃいますか？

POINT 「どこ」は「どちら」と改めますが、外出先を質問するのは、親しい相手に限ります。相手にぶしつけな印象を与えてしまうので、親しくない目上の相手には、あいさつだけして立ち去りましょう。

■ 取引相手と近くまで同行することに

✘ そこまでご一緒しましょうよ。

○ そちらまでご一緒させていただけますか？

言い換え そちらまでご一緒させていただけませんか？

POINT 「いただけますか？」と言い換えると、相手にもやわらかく伝わります。同行してもよいか否かは、相手の意向を尋ねてから決めます。相手の意向を無視した強引な同行は控えましょう。

■ 別れのあいさつ

✘ じゃあまた、いずれ…

○ またお会いできる日を楽しみにしております。

言い換え またお目にかかれる日を楽しみにしております。

POINT 別れるときは、同行させてもらったことへのお礼をきちんと述べてから別れましょう。「楽しかった」「貴重な話を聞けた」などのひと言を添えるとより気持ちが伝わります。

SCENE 02

社外の打ち合わせでは、
社内のときより丁寧な表現を心がけましょう。

取引相手との打ち合わせ

■ お茶を出された

✘ あ、どうもすみません。

○ **ありがとうございます。**

[言い換え] お気遣いいただき、ありがとうございます。

[POINT] お茶を出してくれた人にもあいさつをします。話の途中であいさつができない場合は、目礼だけでもするようにしましょう。

■ 仕事で頼みたいことがある

✘ 早速ですがお願いがあるんですけど…。

○ **早速ですがお願いがあります。**

[言い換え] 早速でございますがお願いがございます。

[POINT] 「あるんです」ではなく、「あります」と発音します。また、「あるんですが〜」と助詞でつなぐ表現は長く感じられますので、できるだけ簡潔な表現を心がけましょう。

■ 相談を持ちかける

✗ ちょっと話を聞かせてもらっていいですか？

○ お話をお聞かせいただけますか？

言い換え お話をうかがわせていただけますでしょうか？

POINT 「〜してもらっていいですか？」は、よく耳にする言い方です。年配者には回りくどい表現で敬意が足りないと感じられるようです。「〜いただけますか？」と言い換えましょう。

■ 急な仕事を持ちかける

✗ 怒らないで聞いてほしいんですが…。

○ 急なお願いで申し訳ありませんが…。

言い換え 急なお願いで恐縮でございますが…。

POINT 相手に負担をかけるお願いをするときはクッション言葉（P72参照）を使い、相手への配慮を示した上で用件を切り出します。「急なお願いで誠に申し訳ございませんが」という言い方もあります。

■ 急な仕事を承諾してもらえた

✗ 助かりました。

○ ありがとうございます。感謝いたします。

言い換え 誠にありがとうございます。心より感謝いたします。

POINT 無理な依頼を聞いてもらったときには、いつもより丁寧な言葉でお礼を言います。相手に与える負担によってはより丁寧な敬語で感謝の気持ちを表しましょう。

■ 検討してもらいたい案件がある

✗ とりあえず考えてもらえませんか？

○ **お忙しいと思いますが検討していただけませんか？**

言い換え お忙しいところ恐縮でございますがご検討いただけませんか？

POINT 「とりあえず」は、「他のことはさしおいて」「まず第一に」という意味です。他社の目上の相手にそこまで要求する表現は控えたほうがよいでしょう。

■ 会話の途中で携帯電話が鳴った

✗ あ、ちょっとすみません。（携帯電話に出る）

○ **失礼します。(携帯電話を見る)**

言い換え 失礼いたします。(携帯電話を見る)

POINT 他社を訪問中には、基本的に携帯電話には出ないのがマナーです。ただし、重要な連絡の場合は、「失礼いたします」と言ってから電話の相手を確認します。

■ 手違いで迷惑をかけてしまった

✗ この前は私のミスで色々すみませんでした。

○ **前回は私の手違いでご迷惑をおかけして申し訳ありません。**

言い換え 前回は私の手違いでご迷惑をおかけして申し訳ございません。

POINT さらに丁寧に謝るときには、「誠に申し訳ございません」「深くお詫びいたします」「心よりお詫び申し上げます」などの言い回しもあります。

■ こちらの失言で不快な思いをさせた

✘ 失礼なこと言っちゃって申し訳ございません。

○ 心ならずも失言し、お詫びいたします。

言い換え 心ならずも失言をいたしました。心よりお詫び申し上げます。

POINT 「心ならず」は、「自分の本心ではないが」「不本意にも」「自分の意思に反して」などの意味で、弁明する際にも使います。失言は相手を不快にするので、いつもより丁寧にお詫びします。

■ 反省の気持ちを伝える

✘ これからはちゃんと気をつけますので…

○ 今後は十分気をつけますので…

言い換え 今後は十分気をつけてまいりますので…

POINT 「今後は十分に気をつけます」「二度とこのようなことがないよう十分注意いたします」は、謝るときの決まり文句です。覚えておくといざというときにも安心です。

■ 相手の要求を断る

✘ それはできませんよ。

○ そちらはいたしかねます。

言い換え 申し訳ございませんが、そちらはいたしかねます。

POINT 「〜しかねる」は、「〜しようとしてできない」という意味です。「できません」とストレートに言うよりも、角が立たず穏やかに伝えることができます。

■ 先約があって今回は辞退したい

✕ 色々事情があって…またよろしくお願いします。

○ 今回は先約がありまして。
また次回よろしくお願いします。

[言い換え] 今回は先約がございまして。また次回よろしくお願いいたします。

[POINT] 事情を話し、相手に納得してもらいます。また、断るときには、「今回は都合がつかないが次回は参加させていただきたい」という気持ちをきちんと伝えましょう。

■ 説明を始める

✕ 私から説明します。

○ 私からご説明します。

[言い換え] 私からご説明いたします。

[POINT] さらに丁寧に言うときには、「私からご説明申し上げます」と言います。なお、「私」は、「わたくし」と読みます。

■ 資料を見てもらいたい

✕ 渡した資料を見てもらえますか？

○ お渡しした資料を
ご覧いただけますか？

[言い換え] お渡しした資料をご覧いただけますでしょうか？

[POINT] 「見る」の尊敬語は「ご覧になる」です。「ご覧ください」「ご覧になりましたか？」などと言い換えることもできます。

■ 相手の意見を促す

✖ 意見を聞かせてもらっていいですか？

⭕ **ご意見をお聞かせいただけますか？**

言い換え ご意見をお聞かせいただけますでしょうか？

POINT 相手の意見ですので、「ご意見」と表現します。「ご意見をお聞かせいただければありがたいのですが」「ご意見を頂戴したいのですが」などと言い換えることもできます。

■ 最終確認をする

✖ おわかりですか？

⭕ **説明不足の点はありませんでしたでしょうか？**

言い換え 説明不足の点をご指摘いただけますか？

POINT 「わかりましたか？」「おわかりですか？」は、目上の相手に使う言葉ではありません。自分の説明の良否を尋ねる表現にすることで相手を立てることができます。

■ 説明を終える

✖ 以上で終わりです。

⭕ **以上です。ありがとうございました。**

言い換え 以上でございます。誠にありがとうございました。

POINT 説明の最後に、お辞儀を丁寧にして、相手に対する感謝の気持ちを言葉と姿勢で示しましょう。(P179参照)

SCENE 03

さわやかな笑顔でハッキリと発声し、
お客様に伝わる話し方を心がけましょう。

接客するときの基本応対

■ お客様が来店した

✗ いらっしゃい。

> ◯ **いらっしゃいませ。**

言い換え いらっしゃいませ。ようこそお越しくださいました。

POINT 予約のお客様の場合には、「お待ちしておりました」というあいさつをつけ加えます。

■ お客様に声をかける

✗ 何をお探しで？

> ◯ **どのようなものをお探しですか？**

言い換え どのようなものをお探しでいらっしゃいますか？

POINT 「何を」という直接的な表現ではなく、「どのようなものを」と言い換えると、相手も答えやすくなります。また、「お探しで？」などと言葉を省略せず、「〜ですか？」「〜でいらっしゃいますか？」とはっきり発音しましょう。

■ 店内をゆっくり見て回ってもらう

✘ どうぞごゆっくり…

○ **どうぞごゆっくりご覧ください。**

言い換え どうぞごゆっくりご覧くださいませ。

POINT 「ごゆっくり」は、ゆったりとくつろぐようにすすめるときに使います。「見る」の尊敬語である「ご覧になる」を、「ご覧ください」「ご覧くださいませ」と言い換えましょう。

■ お客様の人数を確認する

✘ 何人ですか?

○ **お連れ様はいらっしゃいますか?**

言い換え お連れ様はいらっしゃいますでしょうか?

POINT 同伴者の有無を聞くときには、「お連れ様」という言葉を使いましょう。また、「いらっしゃいますでしょうか?」という表現をするとより丁寧な印象になります。

■ 席へ案内する

✘ こっちにお座りください。

○ **こちらにお座りください。**

言い換え こちらにお座りくださいませ。

POINT 和室(座ぶとん)であれば、「こちらにお座りくださいませ」とし、洋室(椅子)であれば、「こちらにおかけくださいませ」と声をかけます。

■ お客様に声をかけられたが手が離せない

✗ 今行きますんで少しお待ちください。

○ 今まいりますので、少々お待ちください。

言い換え ただいままいりますので、少々お待ちくださいませ。

POINT 「ただいままいります」「少々お待ちくださいませ」は、接客業では頻繁に使われる言い回しです。

■ お客様の対応に時間がかかった

✗ お待たせしてすみません。

○ お待たせして申し訳ありません。

言い換え お待たせして申し訳ございません。

POINT 「お待たせする」は、「待たせる」の謙譲語です。自分がへりくだり、相手に対する敬意を表します。

■ 注文内容を確認する

✗ 繰り返しますね。

○ 復唱します。

言い換え 復唱いたします。

POINT 「復唱(ふくしょう)」は、「確認のために、言われたことを繰り返して言うこと」です。「ご注文を確認させていただきます」と言い換えることもできます。

■ 商品、料理を運ぶ

✗ おまちどおさまでした。

⭕ **お待たせしました。**

言い換え お待たせいたしました。

POINT 長く待たせてしまったときには、「大変お待たせいたしました」「お待たせして申し訳ございません」などとひと言加え、より丁寧に表現しましょう。

■ 整理券を取るようにお願いする

✗ そこの整理券を取ってお待ちください。

⭕ **そちらの整理券を
お取りになりお待ちください。**

言い換え そちらの整理券をお取りになりお待ちくださいませ。

POINT 「そこ」を改まり語（P70参照）の「そちら」に言い換えます。「取る」を尊敬語にすると「お取りになる」となります。

■ 整理番号を呼んだのにお客様が来ない

✗ 16番の人ここの窓口ですよ！

⭕ **16番の方は
こちらの窓口においでください。**

言い換え 16番の方はこちらの窓口にお越しくださいませ。

POINT 語尾に「〜よ」「〜ね」がつくと押しつけがましい印象になります。言い方によってはきつく響きますので、語尾をやわらかく発音し丁寧な印象を与えましょう。

■ もう一度呼びかけることを伝える

✗ 終わったら呼びますので、座ってお待ちください。

○ 終わりましたらお呼びしますので、お座りになってお待ちください。

[言い換え] 終わりましたらお呼びいたしますので、お座りになってお待ちくださいませ。

[POINT] 椅子の場合には、「かけてお待ちください」「おかけになってお待ちください」と伝えます。「ませ」をつけるとより丁寧な印象になります。

■ 会計をする

✗ 1,200円です。

○ 1,200円いただきます。

[言い換え] 1,200円頂戴いたします。

[POINT] 「頂戴します」は格調高い表現になる漢語ですので、「いただきます」より改まった印象を与えます。「頂戴します」→「頂戴いたします」の順に丁寧な言い方になります。

■ 1万円札を出された

✗ 1万円でいいですか？

○ 1万円でのお支払いでよろしいですか？

[言い換え] 1万円でのお支払いでよろしいでしょうか？

[POINT] さらに丁寧に言うときには、「1万円でのお支払いでよろしゅうございますか？」「1万円でのお支払いでよろしゅうございましょうか？」などと言い換えてもよいでしょう。

■ おつりを渡す

✘ 8,800円のお返しです。

○ **8,800円をお返しします。**

言い換え 8,800円をお返しいたします。

POINT 「返します」→「お返しします」→「お返しいたします」の順に丁寧な言い方になります。お札の向きをそろえて渡したり、きれいなお札を選んで渡すとよい印象を与えます。

■ お客様が帰る

✘ またどうぞ。

○ **またのご来店を お待ちしております。**

言い換え 本日はご来店いただきありがとうございました。またのご来店をお待ちしております。

POINT 帰り際の印象は後々まで残ります。お客様によい印象を残せるように、表情や姿勢、発声などにも気を配りましょう。

■ 在庫があるかを質問された

✘ ちょっと見てきます。

○ **確認してまいります。**

言い換え ただいま確認してまいります。

POINT 「確認してきます」→「確認してまいります」の順に丁寧な言い方になります。「ただいま確認してまいります」と、「ただいま」をつける言い方もあります。

■ おすすめのメニューを質問された

✘ 当店のおすすめは○○ですが、お好きですか？

○ **当店のおすすめは○○でございますが、お好きでしょうか？**

言い換え 当店のおすすめは○○でございますが、お好きでいらっしゃいますか？

POINT 「好きですか？」→「お好きですか？」→「お好きでしょうか？」→「お好きでいらっしゃいますか？」の順に丁寧な言い方になります。

■ 自分では判断できない質問をされた

✘ 聞いてくるんでちょっとお待ちください。

○ **聞いてまいりますので少々お待ちください。**

言い換え 聞いてまいりますので少々お待ちくださいませ。

POINT 「うかがってきます」「お聞きしてきます」と表現すると、自分の職場の人間を高めてしまうことになります。間違わないよう注意しましょう。

■ お客様の意見に同意する

✕ はい、言われてるとおりです。

⭕ **はい、おっしゃるとおりです。**

言い換え はい、おっしゃるとおりでございます。

POINT 「言われる」も尊敬語ですが、「れる」「られる」敬語は誤解を生む場合があるので、「おっしゃる」という言い方をしましょう。(P106参照)

■ お客様の勘違いを指摘する

✕ あ〜いや、そうじゃなくてですね。

⭕ **サービス内容についてご説明します。**

言い換え サービス内容についてご説明いたします。

POINT お客様が言ったことを頭ごなしに否定すると、トラブルになることもあります。サービス内容を改めて説明して、自らの勘違いに気づいてもらうよう心がけましょう。

■ お客様に矢継ぎ早に質問された

✕ 確認したいんで、もう一回ゆっくりお願いします。

⭕ **申し訳ありませんが、もう一度お話しいただけませんか？**

言い換え 大変申し訳ございませんが、もう一度お話しいただけないでしょうか？

POINT 「申し訳ありませんが」を「恐れ入りますが」と言い換えることもできます。お客様の早口を責めるような言い方にならないよう気をつけましょう。

■ もっと早く対応するように言われた

✗ すみませんでした。

○ お待たせして申し訳ありませんでした。

言い換え お待たせして大変申し訳ございませんでした。

POINT 「すみません」では表現が軽すぎるため、お客様には使いません。謝るときには、真面目な表情をして、心から謝っていることが伝わるように歯を見せずに話しましょう。

■ 商品を取り替えるよう言われた

✗ はい、いま持ってきます。

○ はい、ただいまお持ちします。

言い換え はい、ただいまお持ちいたします。

POINT 「お持ちします」→「お持ちいたします」の順に丁寧な言い方になります。「ただいま」は、「いま」の改まり語（P70参照）です。

■ 他の社員の対応を責められた

✗ それはすみませんでした。

○ 不行き届きで申し訳ありませんでした。

言い換え 不行き届きで申し訳ございませんでした。

POINT 「心よりお詫び申し上げます」「二度とこのようなことのないよう十分注意いたします」などという言葉をつけ加えると、より丁寧な言い方になります。

■ お客様にミスを責められた

❌ お言葉ですがこの件は私だけのせいではなく…

⭕ **ご迷惑をおかけして申し訳ありません。**

言い換え ご迷惑をおかけして誠に申し訳ございません。

POINT お客様からすれば、ミスの原因や責任の所在などはどうでもよいことです。このような場合は言い訳をせずに職場を代表して謝りましょう。

■ お客様の要望に応じられない

❌ それはできません。

⭕ **そちらはいたしかねます。**

言い換え 申し訳ございませんが、そちらはいたしかねます。

POINT 「〜しかねる」は、「しようとしてできない」という意味です。「できかねます」よりも「いたしかねます」のほうが丁寧な言い方です。

■ 上司を呼び出すよう言われた

❌ 今呼んできますのでお待ちください。

⭕ **ただいま呼んでまいりますのでお待ちください。**

言い換え ただいま呼んでまいりますのでお待ちくださいませ。

POINT 相手が興奮している場合、こちらも興奮してしまいがちですが、落ち着いた丁寧な言い回しや言動を心がけます。待たせないように迅速に対応しましょう。

SCENE 04

自分が接待する側、される側かで
敬語を正しく使い分けましょう。

お店で接待する・接待される

■ 接待する側のあいさつ

✗ 今日は来てくれてありがとうございます。

> ○ **本日はおいでいただき ありがとうございます。**

言い換え 本日はお越しいただきありがとうございます。

POINT 「今日」の改まり語（P70参照）は「本日」。「おいでいただく」よりも「お越しいただく」のほうが丁寧な言い方です。

■ 飲み物の注文をとる

✗ 飲み物は何がいいですか？

> ○ **お飲物は何がよろしいですか？**

言い換え お飲物は何がよろしいでしょうか？

POINT 「よろしゅうございますか？」「よろしゅうございましょうか？」と言い換えると、より丁寧な表現になります。

■ 食事をすすめる

✗ どんどん食べて下さいね。

◯ どうぞ召し上がってください。

言い換え どうぞお召し上がりください。

POINT 「お召し上がりください」は、「召し上がってください」をさらに丁寧にした言い方です。敬語が重なりますが、慣用として認められています。

■ 締めのあいさつ

✗ 今日は来てくれてありがとうございました。

◯ お開きの時間となりました。本日はおいでいただきありがとうございました。

言い換え お開きの時間となりました。本日はお越しいただきありがとうございました。

POINT 「祝宴や宴会などが終わる」ことを「お開き（おひらき）」と言います。「会が終わる」「会を閉める」という忌み言葉を避けるために使う言葉です。

■ 会食が終わったあと

✗ 今日の料理はおいしかったですか？

◯ 本日のお料理はお口に合いましたか？

言い換え 本日のお料理はお口に合いましたでしょうか？

POINT 自分が接待する側であるならば、「おいしかったですか？」ではなく、「お口に合いましたか？」と聞きましょう。

■ 接待を受けたときのあいさつ

✗ お招きありがとうございます。

○ お招きいただき
ありがとうございます。

言い換え お招きにあずかりありがとうございます。

POINT 「お・ご〜にあずかる」は、「お・ご〜いただく」よりも改まった場面で使われる表現です。最後はお礼で締めて、感謝の気持ちを伝えましょう。

■ 飲み物を何にするか聞かれた

✗ とりあえずビールください。

○ ビールをいただきます。

言い換え ビールを頂戴いたします。

POINT 「○○をいただきます」「○○をお願いいたします」などと静かに頼みます。招かれた場合は控えめな言動を心がけましょう。

■ お酒をすすめられたが断る

✗ お酒飲めないのでいいです。

○ 不調法ですので
お茶をいただきます。

言い換え 不調法でございますのでお茶をいただきます。

POINT 「不調法（ぶちょうほう）」は、お酒や芸事のたしなみのないことを示す言葉で、お酒を断るときの決まり文句。すすめてくれた人の気持ちに配慮した言い方を心がけましょう。

■ 食事を促される

✕ はい、食べます。

○ **はい、いただきます。**

言い換え はい、頂戴いたします。

POINT 「いただく」よりも改まった漢語の「頂戴する」のほうがやや丁寧な印象になります。食事は、目上の人が箸をつけてから目下の人が箸をつけ、食べる速度も周りに合わせましょう。

■ おかわりをすすめられたが断る

✕ いえ、もう結構です。

○ **十分いただきました。ごちそうさまでした。**

言い換え 十分頂戴いたしました。ごちそうさまでございました。

POINT 「結構です」は、使い方を間違えると相手を突き放したような印象を与えます。このような場面では、「十分いただきました」「十分頂戴いたしました」と言いましょう。

■ 会食が終わり、改めてお礼を伝える

✕ 今日はごちそうさまでした。

○ **本日はごちそうになり、ありがとうございました。**

言い換え 本日は大変ごちそうになり、ありがとうございました。

POINT 招く側は、料理や飲み物、時間、場所などに気を遣って招待しています。「ごちそうさま」という軽い表現をせず、その気持ちに応えるように丁寧にお礼を言いましょう。

column 03 「れる」「られる」表現に注意

とらえ方によってさまざまな解釈が可能な表現は、思わぬトラブルにつながることがあります。ここでは、そのような複数の意味を持つ「れる」「られる」敬語の解説、正しい使い方を紹介します。

「れる」「られる」をつけた敬語は誤解されやすい

「言われていました」「見られましたか？」「行かれますか？」といった「れる」「られる」を使った表現は、誤解を生みやすいという特徴があります。たとえば「課長が係長に言われていました」という表現では、「言われる」を尊敬の意味にとれば、課長が言ったことなりますが、受け身の意味にとれば、係長が言ったことになる。つまり、「れる」「られる」を使った表現は解釈がハッキリしないため、話し手や書き手の意図を伝えることが難しいのです。「れる」「られる」をつけた敬語を使う際は相手に誤解されないよう注意をし、別の敬語表現に言い換えられる場合には、意識的に言い換えましょう（下表参照）。

別語形式の敬語に置き換えることのできない場合には、「お・ご＋～になる」という尊敬語に言い換えます。「お聞きになる」「お会いになる」「お読みになる」などが代表的な表現です。（P74参照）

〈「れる」「られる」敬語言い換え例〉

「れる」「られる」敬語 →	言い換え例
行かれる	いらっしゃる
言われる	おっしゃる
着られる	お召しになる
食べられる（飲まれる）	召し上がる
来られる	いらっしゃる
やられる	なさる
見られる	ご覧になる
書かれる	お書きになる
読まれる	お読みになる
聞かれる	お聞きになる
思われる	お思いになる

第4章
電話応対ですぐに使える敬語

相手を思いやる気持ちが伝わる

- ■ 電話をかけるときのあいさつ
- ■ 電話で依頼・お礼・謝罪をする
- ■ 電話を受けるときのあいさつ
- ■ 電話を取り次ぐ、伝言を受ける
- ■ クレーム電話に対応する

SCENE 01

必ず自分から名乗るのがマナーです。
「申します」と謙譲語を使い、謙虚に話します。

電話をかけるときのあいさつ

■ 電話をかける

✗ もしもし、△△社の○○ですけど…

○ **△△の○○と申しますが…**

言い換え △△社の○○○○と申しますが…

POINT 会社の代表番号に電話をかけるときには、「△△社の○○と申します」と所属と名前を伝えます。直通電話をかける場合で、かつ相手が自分を知っているときは、「○○でございます」と名乗りましょう。

■ 担当に代わってもらう

✗ ××さんいますか？

○ **××さんはいらっしゃいますか？**

言い換え ××様はいらっしゃいますでしょうか？

POINT 「いますか？」→「いらっしゃいますか？」→「いらっしゃいますでしょうか？」の順に丁寧な言い方になります。

■ 担当者を知らずに電話をかける

✗ ○○の件でわかる人に代わってください。

○ ○○の件についてお答えいただける方に代わっていただけますか？

言い換え ○○の件についてお答えいただける方に代わっていただけませんでしょうか？

POINT 他社に電話をかけるときは、丁重な姿勢が伝わるように言葉を選びます。「わかる人」という言い方は横柄な印象を与える恐れがありますので、質問調にして、より丁寧な表現をしましょう。

■ はじめて話をする人へのあいさつ

✗ どうも、○○です。はじめまして。

○ はじめてお電話いたします。私、△△社の○○と申します。

言い換え はじめてお電話させていただきます。私、△△社の○○○○と申します。

POINT はじめて電話をかける際には、はじめての電話であることを先に伝えます。「私」は、「わたくし」と言い、氏名をはっきり名乗りましょう。

■ 紹介があったことを伝える

✗ ××さんから紹介がありまして…。

○ ××さんのご紹介でお電話をいたしました。

言い換え ××さんのご紹介でお電話をさせていただきました。

POINT 相手と紹介者の関係がよくわからないときには、紹介者に対する敬語はほどほどにし、電話の相手に対する敬意を示すことを優先します。

■ 就業時間前後に電話をかける

✗ こんな時間にすみません。

○ お忙しい時間に申し訳ありません。

言い換え お忙しい時間に申し訳ございません。

POINT 就業時間前後、お昼休み前後に電話をしないのはビジネスマナーのひとつです。できることならその時間帯をはずしてかけます。やむを得ない事情がある場合は、クッション言葉で相手に対する配慮を示してから本題に入りましょう。(P72参照)

■ はじめて取引相手の携帯電話に電話をかける

✗ …××さんですよね？

○ ××さんでしょうか？

言い換え ××様でいらっしゃいますか？

POINT 例文の他、「××さんの携帯電話ですか？」「××さんの携帯電話でしょうか？」という言い方もあります。

■ 外出先の相手の携帯電話に電話をかける

✗ 今って話しても大丈夫ですか？

○ 今、お話ししてもよろしいですか？

言い換え
・今、お話しさせていただけますでしょうか？
・携帯電話にご連絡し、申し訳ございません。今、お話しさせていただけますか？

POINT 外出先の相手は電車の中かもしれませんし、会議中かもしれません。携帯電話に電話をかける場合には、相手の都合をまず確認するのがマナーです。

■ 留守番電話にメッセージを入れる

✘ ○○ですけど、折り返し電話ください。

○ ○○と申しますが、
改めてお電話します。

言い換え ○○と申しますが、改めてお電話させていただきます。

POINT はじめて電話をかける相手に「かけ直してください」は失礼です。面識があり、急ぎの用件のときには、「お手すきのときにお電話をお願いいたします」などとお願いします。

■ 夜遅い時間に個人宅へ電話をかける

✘ ××さんのお宅ですか?

○ 夜分に申し訳ありません。
××さんのお宅でしょうか?

言い換え 夜分に申し訳ございません。××様のお宅でしょうか?

POINT 夜遅くにやむを得ず電話をするときには、「夜分に申し訳ございません」という決まり文句を使います。なお、「お宅でいらっしゃいますか?」は、不自然な敬語なので控えましょう。

■ 相手が電話中だが、すぐ終わりそうだと言われた

✘ 待たせてもらっていいですか?

○ 待たせていただいても
よろしいですか?

言い換え 待たせていただいてもよろしいでしょうか?

POINT 電話をかけたまま待つと回線をふさぐことになりますので、相手の許可を得てから待ちます。「よろしいですか?」という言い回しをすると、相手により丁寧な印象を与えます。

■ 相手が外出で不在と言われた

✕ 何時だったらいますか？

◯ 何時ごろお戻りになりますか？

言い換え 何時ごろお戻りになるでしょうか？

POINT 「何時ごろならいらっしゃいますか？」という言い方もできます。相手を問い詰める口調にならないよう、やさしい言葉づかいを心がけましょう。

■ 相手が出張中と言われた

✕ いつ帰ってきますか？

◯ いつごろお帰りになりますか？

言い換え いつごろお帰りになるでしょうか？

POINT 「いつごろお戻りになりますか？」「いつごろお戻りになるでしょうか？」 という言い方もできます。

■ 相手が戻る時間や日にちを聞いた

✕ だったらそのとき改めて電話します。

◯ お戻りになる日に改めてお電話します。

言い換え お戻りになる日に改めてお電話させていただきます。

POINT 「お戻りになる」は「戻る」の尊敬語です。電話では無駄な言葉やあいまいな表現をできるだけ省き、すっきりとした会話を心がけます。

■ 電話をかけ直した

✗ さっき電話したんですが、××さん会議終わりました？

○ **先ほどお電話した○○でございますが、××様はお戻りになりましたか？**

言い換え 先ほどお電話した○○でございますが、××様はお戻りになりましたでしょうか？

POINT 間をおかずに電話をした場合にも必ず名乗ります。また、「会議は終わったか？」という言い方は、他社の事情に踏み込み過ぎの印象を与えるので控えます。

■ 担当者が電話に出た

✗ どうも、○○ですけど今話せますか？

○ **○○でございますが、今お話ししてもよろしいですか？**

言い換え ○○でございますが、今お話しさせていただけますでしょうか？

POINT はじめて電話をするときには「○○と申します」と名乗りますが、相手が自分を知っている場合や2回目以降の電話では、「○○でございます」と名乗ります。まず、相手の都合を確認してから話し始めましょう。「お話しする」は「話す」の謙譲語です。

■ 折り返しの電話であることを伝える

✗ 電話もらったみたいなんですが××さんいらっしゃいますか？

○ **お電話をいただきましたが、××さんはいらっしゃいますか？**

言い換え お電話をいただきましたが、××様はいらっしゃいますでしょうか？

POINT 「電話をもらった」は、「お電話をいただいた」と言い換え、また、「いる」の尊敬語の「いらっしゃる」を使います。「おいでになりますか？」という言い方もあります。

■ 誰から電話があったかがわからない

✗ さっき私に電話をくれた人いらっしゃいません？

○ **先ほどお電話をくださった方はいらっしゃいませんか？**

言い換え 先ほどお電話をくださった方はいらっしゃいませんでしょうか？

POINT 「さっき」の改まり語の「先ほど」を使い、「電話をくれた人」は、「お電話をくださった方」と言い換えます。「か」を入れた「いらっしゃいませんか？」が正しい敬語表現です。

■ 電話に出られなかったことを謝罪する

✗ すみません、席をはずしていたもので…。

○ **席をはずしており申し訳ありません。**

言い換え 席をはずしており申し訳ございません。

POINT ビジネスシーンでは、「申し訳ありません」「申し訳ございません」が謝罪の基本表現です。語順にも気をつけ、相手に違和感を与えない言い方をしましょう。

■ 途中で電話が切れてしまい、かけ直した

✗ なんか切れちゃいましたね。

○ **失礼しました。切れてしまいました。**

言い換え 大変失礼いたしました。切れてしまいました。

POINT 携帯電話の場合、突然電話が切れてしまうこともあります。自分のせいではなくても、かけ直すときは、「失礼しました」「失礼いたしました」という言葉を添えましょう。

■ 長くなりそうな電話を打ち切る

✘ じゃあそろそろ…。

◯ **改めてご連絡します。**

言い換え 改めてご連絡いたします。

POINT 電話はかけた側から切るのがマナーです。相手が長話をした場合でも、「長くなり申し訳ありませんでした」「お忙しい時間に申し訳ありませんでした」とかけた側から切り上げます。

■ 電話を切る

✘ よろしく。

◯ **よろしくお願いします。**

言い換え よろしくお願いいたします。

POINT さらに丁寧に言うときには、「よろしくお願い申し上げます」と言います。電話の相手や内容によって表現を選択しましょう。

先ほどお電話をくださった方はいらっしゃいませんか？

ハキッ

SCENE 02

要点を"5W2H"にまとめておくなど、相手の負担を減らすよう心がけます。

電話で依頼・お礼・謝罪をする

■ 打ち合わせの日程を設定したい

✘ 打ち合わせしたいんですが、いつなら空いてます?

> ○ 打ち合わせをお願いしたいのですが、ご都合のよい日を教えていただけますか?

言い換え 打ち合わせをお願いしたいのですが、ご都合のよい日をお教えいただけますでしょうか?

POINT 「ご都合のよい日」「ご都合のつく日」は、よく使われる表現です。また、「いただけますでしょうか?」と言い換えると、より印象のよい言葉になります。

■ 相手から日程の希望があった

✘ じゃあその日にそちらへ行きますね。

> ○ それでは○日○時にそちらにまいります。

言い換え それでは○日○時にそちらにうかがいます。

POINT 「その日」という表現は行き違いの元ともなりますので、日にちや時間、曜日を必ず確認しましょう。「まいる」も「うかがう」も謙譲語ですが、「うかがう」は謙譲語Ⅰですので、訪問先を高める働きがあります。(P13参照)

■ 確認、相談したいことがある

✕ ○○の件で聞きたいんですが。

○ ○○の件でお聞きしたいのですが。

言い換え ○○の件でうかがいたいのですが。

POINT 「うかがう」は、「聞く」「尋ねる」「訪ねる」の謙譲語として使われます。言いやすい言葉ですので、覚えておくと重宝します。

■ お世話になったお礼を言う

✕ この間はありがとうございました。

○ 先日はお世話になりありがとうございました。

言い換え 先日は大変お世話になりありがとうございました。

POINT お世話になったときには、必ず、次に会ったときにお礼を言うのがマナーです。「この間」の改まり語「先日」を使います。（P70参照）

■ ミスしたことの謝罪をする

✕ 手間をとらせてしまってすみませんでした。

○ ご迷惑をおかけして申し訳ありませんでした。

言い換え ご迷惑をおかけして申し訳ございませんでした。

POINT 「すみません」はとても軽い表現なので、ビジネスシーンでは使いません。また、多大な迷惑をかけた場合には、「誠に申し訳ございませんでした」と伝えましょう。

■ FAXの到着確認

✗ 今送ったんですけど届いてますか？

◯ 今お送りしましたが、お手元に届いていますでしょうか？

言い換え ただいまお送りいたしましたが、お手元に届いておりますでしょうか？

POINT 「お送りする」は、自分がへりくだり、送る先を高める謙譲語です。

■ FAXがまだ届いていないと言われた

✗ じゃあもう一回送りますね。

◯ それでは再度お送りします。

言い換え それでは再度お送りいたします。

POINT 「もう1回」は「再度」と改まった表現にします。FAXを送る前と後に電話で連絡をしましょう。たくさんのFAXを受け取る会社の場合、連絡をしないと紛れてしまう恐れがあるからです。

■ 昨日送ったFAXに対する返事がなかった

✗ 昨日FAXしたんですが届いてますよね？

◯ 昨日FAXをお送りしましたが、届いていますでしょうか？

言い換え 昨日ＦＡＸをお送りいたしましたが、届いておりますでしょうか？

POINT ＦＡＸは送ってから時間が経つと、どこかへ紛れてしまうこともあります。確認が遅くなってしまったときは、丁寧な口調で確認を依頼しましょう。

■ 担当者が不在だったため伝言を頼む

❌ 伝えてもらいたいのですが…

⭕ **お伝えいただきたいのですが…**

言い換え
・お忙しい中を恐れ入りますが、○○とお伝えいただけますか？
・ご面倒をおかけいたしますが、○○とお伝え願えますでしょうか？

POINT 伝言は相手に負担をかけます。依頼するときには、相手の意向を尋ねるのがマナーです。また、事前に伝えたい内容の要点をまとめておくよう心がけましょう。

■ 担当者へ用件を伝えると申し出てもらった

❌ あ、それじゃあお願いします。

⭕ **それではお願いします。**

言い換え それではお願いいたします。

POINT 伝言する要点を5W2H(いつ・どこで・だれが・何を・なぜ・どのように・どのくらい)にまとめておきましょう。

■ 折り返し電話が欲しいと頼む

❌ 電話くださいって言っておいてもらえますか。

⭕ **○○までご連絡くださるようにお伝えください。**

言い換え ○○までご連絡くださるようにお伝えいただけますか？

POINT 伝言を頼むときは、伝えてほしい相手と窓口の相手の両者に対して丁寧な言い方を心がけます。電話番号を知っていたとしても、連絡先の電話番号を伝えましょう。

■ メールを確認するよう伝言を頼む

✗ メール送るんでよろしくお伝えください。

⭕ **メールをご確認いただきたいとお伝えください。**

言い換え メールをご確認いただきたいとお伝えいただけますか？

POINT 伝言の場合は、何をどうしてもらいたいのかを明確に伝えたほうが行き違いを防げます。

■ 出先なのでこちらから連絡すると伝えてもらう

✗ ちょっと出先なんでこっちからかけ直しますと伝えてください。

⭕ **こちらからおかけ直ししますとお伝えください。**

言い換え こちらからおかけ直しいたしますとお伝えいただけますか？

POINT 「かけ直します」→「おかけ直しします」→「おかけ直しいたします」の順に丁寧な言い方になります。質問調にすることで、より丁寧な印象を与えます。

■ 至急折り返しの電話が欲しいと伝える

✗ 急いでるんですぐ電話くださいって言ってもらえます？

⭕ **至急お知らせしたいことがございますので、お電話くださるようお伝えいただけますか？**

言い換え 至急お知らせしたいことがございますので、お電話くださるようお伝えいただけませんか？

POINT 「至急お電話ください」「至急ご連絡ください」などという表現は強引な印象を与えます。相手との関係を考えて慎重に表現を選びましょう。

■ 伝言の内容を確認する

✗ 内容わかっていただけてます？

○ 以上、○○の件、よろしくお伝えください。

[言い換え] 以上、○○の件、よろしくお伝えくださいますようお願いいたします。

[POINT] 最後に伝言の要点を「○○の件」とまとめます。長く重要な用件の場合は、5W2H(いつ・どこで・だれが・何を・なぜ・どのように・どうした)をまとめて復唱すれば安心です。

■ 伝言を頼んだ人の名前を尋ねる

✗ …ところでどちら様でしょうか？

○ 失礼ですが…

[言い換え] 失礼でございますが…

[POINT] 相手が名乗ってくれないときには、「失礼ですが」という切り出し方があります。それでも名乗ってくれないときは、「お名前をお聞かせいただけますか？」と尋ねましょう。

CHECK

電話では対面で話すよりも丁寧な敬語表現を

電話越しの会話は、直接向い合って話をするときと違い少し注意が必要です。声のみで全てを伝える電話では、表情で敬意を伝えることができないため、より丁寧な言葉づかいを心がけましょう。また、電話で話をするときは、相手がしっかり聞き取れるような発声を意識することが大切です。情報がきちんと伝わらなければ、大きなトラブルにもつながります。一言ずつハキハキと話し、社名や名前などもしっかり相手に伝えましょう。

SCENE 03

電話を受けるときは、社名＋「ございます」。
切るときは「失礼いたします」が基本です。

電話を受けるときのあいさつ

■ 電話がかかってきた

✗ もしもし、△△社です。

> ○ はい、△△社でございます。

言い換え おはようございます。△△社でございます。

POINT 社名＋「ございます」と名乗ればどのような相手にも失礼がないので安心です。午前の早い時間帯の場合は、「おはようございます」と一言添えましょう。

■ 電話を取るのに時間がかかった

✗ はいはい、△△社です。

> ○ お待たせしました。
> △△社でございます。

言い換え 大変お待たせいたしました。△△社でございます。

POINT 電話は3コール以内に出るようにし、それ以上かかってしまったら「お待たせいたしました」と言いましょう。長く待たせた場合には「大変お待たせいたしました」と言い換えます。

■ 部署名を名乗る

✗ こちら△△社□□部です。

> ⭕ **はい、△△社□□部でございます。**

言い換え はい、△△社□□部○○でございます。

POINT 電話の第一声は、明るく感じよく出るように心がけます。相手は電話応対からその職場の雰囲気や応対のレベルを推察するものです。

■ 相手が名乗った

✗ お世話様です。

> ⭕ **お世話になっております。**

言い換え 大変お世話になっております。

POINT 「お世話になっております」と相手への感謝の気持ちを伝えます。このとき、口先だけのあいさつという印象を与えないよう、心を込めて話すことを心がけましょう。

■ 相手が名乗らず、用件だけを言ってきた

✗ すみません、どなたですか？

> ⭕ **失礼ですが、どなた様でしょうか？**

言い換え
・恐れ入りますが、どちら様でいらっしゃいますか？
・恐れ入りますが、お名前をお聞かせ願えますか？

POINT 「どなた」は、「誰」の尊敬語です。「どなた様」とするとさらに丁寧な言い方になります。

■ 相手の社名がわからなかった

✕ どちらの○○さんですか？

○ 失礼ですが、どちらの○○様でしょうか？

言い換え 恐れ入りますが、どちらの○○様でいらっしゃいますか？

POINT 電話を取り次ぐときには、会社名や所属を確認してからにしましょう。「失礼ですが」「恐れ入りますが」と一言添えるとやわらかい印象になります。

■ 相手の名前が聞き取れなかった

✕ もう一度言ってもらえますか？

○ 申し訳ありませんが、もう一度お聞かせいただけませんか？

言い換え 恐れ入りますが、もう一度お聞かせいただけませんでしょうか？

POINT 名乗ったのに再度名乗れと言われるのは気持ちのよいものではありません。相手の気分を害さないように丁重にお願いしてみましょう。

■ 相手の声が聞き取りにくい

✕ なんかよく聞こえないんですけど。

○ お電話が遠いようでございます。

言い換え
・恐れ入ります。お電話が遠いようでございます。
・受話器の調子がよくないようでございます。

POINT 電話が聞こえにくいときには、「お電話が遠いようです」という決まり文句を使います。「大きな声で話してください」「はっきり話してください」などという言い方は相手に失礼です。

■ 名指し相手が自分だった

✗ はい、僕です。

○ **はい、私○○でございます。**

言い換え はい、私が□□担当の○○でございます。

POINT この場面でもう一度名乗ると、相手は安心して話し出すことができます。「僕」は、ビジネスシーンでは使わず、改まった表現である「私(わたくし)」を使うのがマナーです。

■ 自分の携帯に直接電話がかかってきた

✗ は〜い、もしもし。

○ **はい、○○でございます。**

言い換え はい、○○でございます。お世話になっております。

POINT 携帯電話の場合、誰からの連絡かが表示されて、相手がわかる場合もありますが、第一声は丁寧に名乗りましょう。

■ 急ぎの案件があるのでかけ直したい

✗ すみません、あとでまた電話します。

○ **申し訳ありませんが、後ほどお電話します。**

言い換え 申し訳ございませんが、後ほどお電話させていただきます。

POINT 相手の気持ちに配慮し、丁寧に伝えます。「後ほどお電話させていただきたいのですが、よろしいでしょうか？」とすればさらに相手に配慮した表現になります。

■ 間違い電話がかかってきた

✗ どこにかけてます？

○ どちらにおかけですか？

言い換え
・どちらにおかけでしょうか？
・お間違えのようでございます。

POINT 間違い電話にも丁寧に応対しましょう。「どこ」の改まり語の「どちら」を使って、やさしい口調で尋ねます。(P70参照)

■ セールスの電話がかかってきた

✗ すいませんが、そういう電話は断ってるんで…

○ 申し訳ありませんが、仕事中ですので失礼します。

言い換え
・申し訳ございませんが、仕事中でございますので失礼いたします。
・そのようなお話をうかがうことはできかねます。失礼いたします。

POINT 途中まで話を聞いてしまってから断るのは双方の時間の無駄なので、最初にきっぱりと丁寧に断りましょう。クッション言葉を使うと印象がやわらぎます。(P72参照)

■ 同僚、上司の身内から電話がかかってきた

✗ いつも××(呼び捨て)にはお世話になってます。

○ いつも××さんにはお世話になっております。

言い換え いつも××課長には大変お世話になっております。

POINT 職場の人の家族からの電話の場合は、その職場の人に敬意を払って会話をします。課長、部長の家族の場合には○○課長、○○部長と表現しましょう。

■ 別の部署あての電話がかかってきた

✗ ここは担当部署じゃないんで、かけ直してもらえますか？

○ □□部につなぎますので、お待ちください。

言い換え □□部につなぎますので、お待ちくださいませ。

POINT 電話をよその部署につなぐことができる場合にはつなぎます。親切な対応を常に心がけましょう。「ませ」をつけるとより丁寧な印象になります。

■ 電話を切る

✗ では、また。

○ 失礼いたします。

言い換え ご連絡いただきありがとうございました。失礼いたします。

POINT 電話の最後は印象に残るので、慌ただしくならないよう「失礼いたします」と丁寧に発音します。余韻を残すように静かに受話器を戻しましょう。

SCENE 04 電話を取り次ぐ、伝言を受ける

明瞭な発音で話し、相手を待たせないよう迅速かつ配慮のある対応を心がけましょう。

■ 担当者に取り次ぐ

✘ ちょっとお待ちください。

○ **少々お待ちください。**

言い換え
・ただいま○○にかわりますので、少々お待ちくださいませ。
・ただいま○○につなぎますので、少々お待ちくださいませ。

POINT 「少々お待ちください」「お待ちくださいませ」は、ビジネスシーンでの電話応対で頻繁に使われるフレーズです。

■ 担当者不在の確認に時間がかかった

✘ 待たせてごめんなさい。

○ **お待たせして申し訳ありません。**

言い換え お待たせして申し訳ございません。

POINT 「お待たせする」は、「待たせる」の謙譲語です。「ごめんなさい」はビジネスシーンでは使わず、「申し訳ありません」を使いましょう。

■ 社内に同じ名字の人が複数いる

✗ 何人かいますが、どの○○ですか？

○ ○人おりますが、フルネームをご存じですか？

言い換え ○○と申す者は○人おりますが、フルネームをご存じでしょうか？

POINT 「います」は「おります」と言い換えると、より丁寧な印象を与えます。相手がフルネームを知らなければ、性別や年代を尋ねて絞り込みましょう。

■ 担当者が席を離れている

✗ ××が席にいないんですが…

○ ××は席をはずしておりまして…

言い換え ××は席をはずしておりまして…、いかがいたしましょうか。

POINT このような場合は、迅速に行動し、相手を待たせないように心がけます。「席をはずしております」も覚えておきたい基本フレーズです。

■ 不在だった担当者が戻ってきた

✗ あ、戻ってきたみたいなんで少しお待ちください。

○ 戻ってまいりましたので、少々お待ちください。

言い換え ただいま戻ってまいりましたので、少々お待ちくださいませ。

POINT 「みたい」などのあいまいな表現は控えます。すぐに取り次ぐことができないときは、「○分ほどお待ちいただけますか？」と相手の意向を聞いてみましょう。

■ 担当者が打ち合わせ中だった

✘ 14時まで打ち合わせに入ってるみたいで…

> ⭕ **14時まで打ち合わせとのことです。**

`言い換え` 14時まで打ち合わせとのことでございます。

`POINT` 打ち合わせの終了時間がはっきりわかっている場合には、終了時間を伝えるとさらに親切な応対になります。

■ 担当者が別の電話に対応していた

✘ 他の電話に出てるみたいです。

> ⭕ **別の電話に出ております。**

`言い換え` あいにく別の電話に出ております。

`POINT` 「みたい」というあいまいな表現は控えましょう。あいまいな表現が重なると頼りない人、という印象を与えてしまいます。

■ 担当者が外出している

✘ ××は、今日外に出てまして…

> ⭕ **××は、本日は外出しておりまして…**

`言い換え` ××は、本日は外出しておりまして…明日は出社します。

`POINT` 「今日」を改まり語にすると「本日」。「おります」は「います」の謙譲語です。

■ 担当者の戻り時間を伝える

✗ たぶん15時には戻ると思うんですけど。

◯ **15時には戻る予定でございます。**

言い換え　15時には戻る予定でございます。戻りましたらお電話いただいたことを…

POINT　戻る予定時間を伝えます。予定は予定ですのでずれることもありますが、「たぶん」「思うんです」などのあいまいな表現を重ねるのは控えましょう。

■ 担当者があさってまで出張だった

✗ ××は、あさってまで名古屋に出張ですね。

◯ **××は、◯日に出勤します。**

言い換え　××は、◯日に出勤いたします。

POINT　不在者の出張場所などを社外の人に伝える必要はありません。次回出社する日だけを伝えましょう。

■ 担当者が休みだった

✗ 今日××は体調不良でお休みです。

◯ **本日××は休んでおります。**

言い換え　・本日××は休みを取っております。

POINT　社内の人の休みに「お」はつけません。また、休んでいる理由まで伝える必要はありませんので、「休んでおります」「休みを取っております」とだけ伝えます。

■ 担当者が異動・退職していた

✘ もう××はこの部署（会社）にいないんですよ。

◯ ××はこちらの部署にはおりません。

言い換え お世話になりましたが、××はこちらの部署にはおりません。

POINT それ以上のことを伝えるか否かは、相手との親密さや相手の会社との関係もありますので、あらかじめ担当者や上司に確認しておきましょう。

■ かわりに用件を聞く

✘ ちなみに何のご用ですか？

◯ どのようなご用件でしょうか？

言い換え どのようなご用件でいらっしゃいますか？

POINT 「ご用件を承ります」という言い方もできます。相手を問い詰めるような口調にならないよう、やさしい表現を心がけましょう。

■ 折り返しの電話をすべきかを尋ねる

✘ 折り返し電話したほうがいいですか？

◯ 折り返しお電話しましょうか？

言い換え 折り返しお電話いたしましょうか？

POINT 「折り返し電話をしたほうがいいですか？」と聞かれるよりも、「折り返し電話しましょうか？」と聞かれたほうが「親切な対応」という印象を与えます。

■ 伝言内容を確認する

✗ ◎◎◎の件ってことでいいですよね？

○ **◎◎◎の件でよろしいですか？**

言い換え
・◎◎◎の件でよろしいでしょうか？
・復唱いたします。◎◎◎ということでございますね？

POINT 「いいですか？」→「よろしいですか？」→「よろしいでしょうか？」の順に丁寧になります。「復唱（ふくしょう）いたします」という言葉を加えるとより丁寧になります。

■ 自分が伝言を受けたことを伝える

✗ では、ちゃんと私から伝えとくんで…。

○ **私、○○が承りました。**

言い換え
・私、○○が確かに承りました。
・私、○○が責任を持って○○に申し伝えます。

POINT 最後に名乗ると相手に安心感を与えます。「確かに」という言葉を加えることで、相手をより安心させることができます。私は「わたくし」と読みます。

CHECK

伝言は必ずメモを取り、内容を復唱する

　会社へかかってくる電話の対応は、取り次ぎが大半ですから、相手が名乗ったらすぐにメモを取るくせをつけましょう。もし一回で聞き取れなければ、クッション言葉（P72参照）をつけて丁寧に確認します。伝言を頼まれたときは、必ず内容を復唱し、窓口である自分の名前を名乗りましょう。きちんとした電話対応をすれば、自分だけでなく会社の印象もよくなります。仕事を円滑にすすめるためにも、丁寧な電話応対を心がけましょう。

SCENE 05

二次クレームにつながらないよう、謙虚な姿勢で対応しましょう。

クレーム電話に対応する

■ クレームの内容を確認する

✗ それは詳しく聞いてみないとなんとも…

◯ 詳しくお聞かせいただけますか？

[言い換え]
- 詳しくお聞かせいただけませんでしょうか？
- 状況を詳しくお聞かせ願いたいのですが、お話しいただけますでしょうか？

[POINT] 苦情を聞いてもらうことで、落ち着きを取りもどす人も多いものです。相手の話を聞かせていただく、という謙虚な姿勢を示しましょう。

■ こちらの不手際だった

✗ 本当にすみませんでした。

◯ 誠に申し訳ありません。

[言い換え]
- この度はご迷惑をおかけして、誠に申し訳ございません。
- 誠に不行届きで申し訳ございません。

[POINT] こちらの不手際が原因であれば、丁寧な言葉を使って謝罪します。謝罪の際には「誠に」という改まり語（P70参照）を使いましょう。

■ 相手の勘違いだった

✕ でも…、こちらの責任ではありませんので。

○ **説明がいたらず申し訳ありません。**

言い換え 説明がいたらず申し訳ございません。

POINT たとえ相手に非があったからといって、横柄な応対すると、別の二次クレームにつながる恐れがあります。相手に恥をかかせないよう、謙虚な態度を心がけましょう。

■ 間違いの所在がわからないクレームだった

✕ 確認してから折り返しでいいですか?

○ **確認の上、○分後に折り返しお電話します。**

言い換え ・確認の上、○分後に折り返しお電話いたします。
・確認の上、○分後にこちらからご連絡したいのですが、ご都合はよろしいでしょうか?

POINT 「折り返しお電話いたします」「折り返しご連絡をいたします」などと伝える場合、○分後と伝えておくと相手も落ち着いて待つことができます。

■ 案件の担当者が不在だった

✕ 今、担当がおりませんがどうします?

○ **担当が席をはずしておりますが、いかがしましょうか?**

言い換え 担当が席をはずしておりますが、いかがいたしましょうか?

POINT 相手が「担当にかわってください」と言い、かつ担当が席をはずしている場合には、「いかがいたしましょうか?」と丁寧に相手の意向をうかがいます。

■ クレームに異議がある

✕ おっしゃる意味がよくわかりません。

○ 問題点を確認させてください。

言い換え 問題点を確認させていただけますか？

POINT 相手の言い分が理解できない場合は、1点ずつ確認し、共通理解の部分を広げるよう努めましょう。「させていただけますか？」と尋ねる形にすると相手にもやわらかく伝わります。

■ 対応等について話し合う

✕ 今後どうしましょうか？

○ 今後いかがしましょうか？

言い換え 今後いかがいたしましょうか？

POINT 相手が何を望んでいるのかを知りたいときは「いかがしましょうか？」「いかがいたしましょうか？」と尋ね、相手の意向を引き出します。

■ 無理な対応をせまられた

✕ さすがに難しいかと思うんですが。

○ そちらはいたしかねます。

言い換え 恐れ入りますが、そちらはいたしかねます。

POINT 「できません」→「できかねます」→「いたしかねます」の順に丁寧な言い方に。また、自分で判断できない場合は、「私の一存ではお答えいたしかねます」という言い方もあります。

■ 勘違いに気づいて、相手が謝った

✗ 大丈夫ですよ。

○ **お電話をいただき、ありがとうございました。**

言い換え お電話をいただき、誠にありがとうございました。

POINT 相手が謝ってきた場合には、相手に恥をかかせないように気をつけます。相手を立て、感謝の気持ちを届け、今後のよい関係を築けるよう配慮しましょう。

■ 電話を切る

✗ わざわざお電話ありがとうございました。

○ **貴重なご意見をいただき、ありがとうございました。失礼します。**

言い換え 貴重なご意見をいただき、ありがとうございます。失礼いたします。

POINT クレームの電話は、「会社の今後に期待しているからこそかけるもの」とも言われます。問題点の指摘に感謝し、最後は気持ちよく電話を切るよう心がけましょう。

CHECK

クレーム対応で使ってはいけないNGフレーズ

　クレームを受けた際は、相手に対して否定的な言葉は使わないようにしましょう。場合によっては、二次クレームに発展する可能性があります。下記のNGフレーズを使わないよう心がけ、冷静に対応することがポイントです。

〈NGフレーズ〉
「でも」、「しかし」、「だから」、「ですから」、「そうおっしゃいましても」、
「先ほども申し上げましたが」、「当社にも事情がございまして」、
「そのようなことは考えられません」、「お客様の勘違いではないですか？」

column 04 電話応対の基本マナー

職場での電話の応対は、会社全体の印象を左右するので注意が必要です。ここでは電話応対の際に気をつけたい、言葉づかい、態度、心構えを紹介します。

電話応対の第一声は会社の姿を映し出す鏡

電話を受けたときの第一声は、その人の印象だけでなく、会社全体の雰囲気を相手に伝えることになります。会社を代表して電話に出ていることを意識し、応対するよう心がけましょう。気をつけるポイントは3つあります。

❶ さわやかに
❷ 明瞭な発音で
❸ あたたかい声で話す

逆に電話応対の声が暗かったり、発音や滑舌が悪かったりすると、「やる気がなさそうな会社だな」「業績が悪いのでは？」と相手にマイナスのイメージを与えかねませんので注意しましょう。

姿が見えないと思って油断していると・・・

電話に出るときに心がけたいポイントは5つです。

❶ ベルが鳴ったらすぐに出る
❷ 背筋は伸ばす
❸ 足は組まない
❹ 頬杖はつかない
❺ メモを用意する

だらしない態度や姿勢での応対は、自然と声や雰囲気に出るので、必ず相手に伝わります。また、「○○社でございま～す」や「○○社でございますぅ」といった語尾を伸ばす言葉づかいも、同じようにだらしない印象を与えるので、普段から注意しましょう。

第5章
就職活動ですぐに使える敬語

面接官から一目置かれる

- ☐ 問い合わせる・応募する
- ☐ 面接試験①（入室・自己紹介）
- ☐ 面接試験②（説明・質疑応答）
- ☐ 面接試験③（自己PR・退室）
- ☐ 採用・不採用の連絡がきた

SCENE 01

はっきりと発声し、相手に好印象を与える丁寧な言葉を選びます。

問い合わせる・応募する

■ 問い合わせの電話をかける

✗ すみません、ちょっと聞きたいんですが…

○ **恐れ入ります。少々お聞きしたいことがありますが…**

言い換え　恐れ入ります。少々うかがいたいことがございますが…

POINT　「恐れ入りますが…」は覚えておくと重宝する表現です。電話での問い合わせの時点から面接試験が始まっていると認識し、丁寧な言葉づかいを心がけましょう。

■ 募集広告を見たことを伝える

✗ 今、社員（バイト）募集してますか？

○ **今、社員を募集していらっしゃいますか？**

言い換え　今、社員を募集していらっしゃいますでしょうか？

POINT　「してますか」などのように、本来入っているべき「い」を抜かしてしまうと、大雑把な人という印象を与えることがあるので注意が必要です。

■ 応募方法について尋ねる

✗ 応募したいんですがどうしましょう?

○ **応募したいのですが、どのようにしたらよろしいでしょうか?**

言い換え 応募したいのですが、どのようにしたらよろしいでしょうか?教えていただけますか?

POINT 「したいんですが」ではなく、「したいのですが」とはっきり発音します。相手に好印象を与えるよう意識して、丁寧に話すことが大切です。

■ 仕事の内容を尋ねる

✗ 仕事の内容とかって…。

○ **仕事の内容について詳しく教えてください。**

言い換え 仕事の内容について詳しく教えていただけますか?

POINT 「〜とか」を多用する話し方は「とか弁」とも言われ、年配者には好まれません。より丁寧に話すときには、「お教えいただけますか?」と表現しましょう。

■ 面接日程が決まった

✗ じゃあ、8日の3時に行きます。

○ **それでは、8日の3時にまいります。**

言い換え それでは、8日の3時にうかがいます。

POINT 「まいる」と「うかがう」は、ともに謙譲語ですが、「うかがう」には訪問先を高める働きがあります。

SCENE 02

自己紹介は適切な発声で、
お辞儀をしっかりするのがポイントです。

面接試験①
（入室・自己紹介）

■ 入室する

✘ （大声で）入っていいですかー？

○ （適切な発声で）
入ってもよろしいですか？

言い換え (適切な発声で)入ってもよろしいでしょうか？

POINT 「いいですか？」は相手への敬意が低い敬語なので控えます。また、声のボリュームが大きすぎると相手に不快感を与えるので、適切な大きさで発声するよう心がけましょう。

■ 面接官にあいさつをする

✘ よろしくです。

○ **よろしくお願いします。**

言い換え よろしくお願いいたします。

POINT 相手の目を見て言葉を述べてから一礼します。お辞儀は一番深く下げたところでいったん止めると、礼儀正しい印象を与えます。（P179参照）

■ 名前を言う

✕ ◯◯っていう者です。

◯ ◯◯◯◯と申します。

言い換え
・□□に応募いたしました、◯◯◯◯と申します。
・求人広告を拝見してまいりました、◯◯◯◯と申します。

POINT 「◯◯っていう者です」は、社会人の自己紹介としてふさわしくありません。改まった場面では、"フルネーム＋「申します」"を使います。

■ 椅子に座るよう促された

✕ あ、はい。

◯ はい、失礼します。

言い換え はい、失礼いたします。

POINT 「はい」という返事もなんとなく言うのではなく、好印象を与える言い方を何度も練習しておきましょう。ハキハキと歯切れよく言うと、それだけで好感度がアップします。

SCENE 03

面接ではあいまいな表現は避け、相手の許可を得てから発言しましょう。

面接試験②（説明・質疑応答）

■ 労働条件などの説明を受けた

✘ あ〜なるほど。

○ **はい、承知しました。**

言い換え はい、承知いたしました。

POINT 面接では、謙虚な印象を与える言葉を選びます。目上の相手の話を「なるほど」と言い切るのは失礼です。口ぐせになっている場合はすぐに直しましょう。

■ 説明内容でわからない点があった

✘ 質問があるんですけど…

○ **質問してもよろしいですか？**

言い換え 質問してもよろしいでしょうか？

POINT 相手の許可を得てから質問をすることで、相手に対する配慮を表現します。

■ 希望する勤務日を尋ねられた

✗ いつでもOKです。

○ **いつでも結構でございます。**

言い換え 何曜日でも結構でございます。

POINT 「OK」は、対等な関係のみに使える表現です。なお、「結構」は、「十分である」ときにも、「それ以上を必要としない」ときにも使われます。状況に応じて、言葉を補足して使いましょう。

■ 残業時間などの説明を受けた

✗ 全然問題ありません。

○ **承知しました。**

言い換え 承知いたしました。

POINT 「承知」は、相手の依頼や要求を「聞き入れること」「承諾すること」という丁寧な表現です。

■ 質問があるかを尋ねられた

✗ 大丈夫です。

○ **ございません。**

言い換え ございません。ありがとうございます。

POINT 「大丈夫」は必要か不要か、可か不可かを表すときなど、近年さまざまな意味で使われています。面接の場合には、誤解されない言い方をした方が好印象を与えます。

SCENE 04

省略語、会話のノイズはNG。
質問の聞き直しも控えましょう。

面接試験③
(自己PR・退室)

■ 志望動機を聞かれた

✕ え〜、…ここに応募したのは…

○ **はい、応募した動機は○○○○です。**

言い換え　はい、応募した動機は○○○○でございます。

POINT　「え〜」「あの〜」は、会話のノイズと呼ばれ、聞き手には好まれません。事前に自己PRの練習をして、ノイズ言葉を使わないよう心がけましょう。

■ 趣味を聞かれた

✕ 趣味ですか？ サッカーやってます。

○ **はい、サッカーを高校から続けています。**

言い換え　はい、サッカーを高校から続けております。

POINT　質問を聞き返すと、無礼な印象や準備不足な印象を与えてしまいます。また、ただ質問に答えるだけではなく、一言加えることでセールスポイントをアピールしましょう。

■ 経験した職種について聞かれた

✗ 前はコンビニでバイトしてました。

○ 以前は、コンビニエンスストアでアルバイトをしておりました。

言い換え 以前は、コンビニエンスストアでアルバイトを○年間しておりました。

POINT 「コンビニ」という略語ではなく、「コンビニエンスストア」ときちんと伝えます。また、「以前」という言葉を使うと改まった雰囲気になります。(P70参照)

■ 休日の過ごし方を尋ねられた

✗ 家でだらだらしちゃいます。

○ 家で本を読んだり、片付けをしたりして過ごしています。

言い換え 家で本を読んだり、片付けをしたりして過ごしております。

POINT 面接官によい印象を与えることを意図して答えます。面接で好印象を与える受け答えができるように、休日の過ごし方をポジティブな表現に言い換えてみましょう。

■ 面接が終了して退室する

✗ さようなら。

○ 失礼します。

言い換え 失礼いたします。

POINT 相手の目を見て、「失礼いたします」と声をかけ、お辞儀をしてから退室しましょう。お辞儀をする際は背筋を伸ばし、頭を下げたところでいったん止めると、礼儀正しい印象を与えます。(P179参照)

SCENE 05

結果に関係なく、連絡をくれた相手への感謝を伝えるのがマナーです。

採用・不採用の連絡がきた

■ 人事担当から連絡がきた

✗ 結果どうですか？

○ **先日はありがとうございました。**

言い換え 先日は面接をしていただき、ありがとうございました。

POINT 早く結果が知りたくなりますが、こちらから結果を尋ねるのではなく、相手が結果を伝えてくるのを待ちます。「先日」という改まり語を使うとより丁寧です。（P70参照）

■ 採用を伝えられた

✗ よかった〜。

○ **ありがとうございます。**

言い換え ありがとうございます。よろしくお願いいたします。

POINT 合格の知らせだった場合は、明るい声で「ありがとうございます」とお礼を伝えましょう。「よろしくお願いいたします」の一言を添えると好印象を与えます。

■ 出社日について説明を受けた

✗ 了解です。

○ **承知しました。**

言い換え
・承知いたしました。
・かしこまりました。

POINT 「了解」という言葉は、相手の考えを理解した上で認めるときに使います。目上の相手に対しては、「承知いたしました」「かしこまりました」という言葉を使いましょう。

■ 不採用を伝えられた

✗ そうですか、残念です…。

○ **承知しました。連絡していただき、ありがとうございます。**

言い換え 承知いたしました。ご連絡いただき、ありがとうございます。

POINT 連絡してくれた相手にお礼を言い、感謝の気持ちを伝えましょう。

■ 電話を切る

✗ どうもでした！

○ **失礼します。**

言い換え 失礼いたします。

POINT 電話は、基本的にはかけたほうが先に切るのがマナーです。「失礼いたします」と言って、相手が電話を切ったことを確認してから電話を切りましょう。

column 05 ワンランク上の敬語表現

ここでは、正しい敬語表現だけに留まらず、さらに相手に好印象を与えるための言い回しテクニックを紹介します。より丁寧な言葉づかいで、相手への敬意を表しましょう。

敬称変換のテクニック

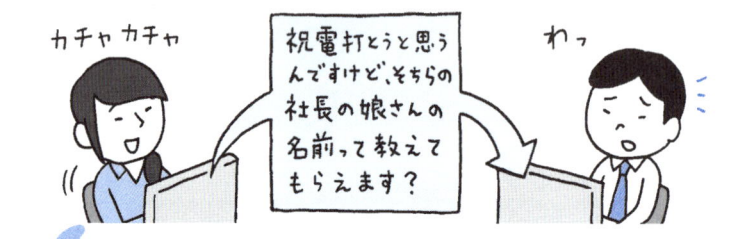

カチャカチャ

祝電打とうと思うんですけど、そちらの社長の娘さんの名前って教えてもらえます？

わっ

「そちらの社長の娘さんの名前を教えてください」
⬇
「貴社(きしゃ)社長のお嬢様の、ご芳名(ほうめい)をお教えいただけますか？」

POINT 敬称にできる単語を言い換えることで文章全体が引き締まった印象になります。「貴社」はビジネス文章でも多く使う敬称の代表例です。

相手との関係で敬称を使い分ける

敬称(けいしょう)とは、人名や肩書きの後ろ、また、場所・ものを表す単語につけて敬意を表す語です。「〇〇様」「御〇〇」といった使い方が代表例で、相手との関係によって使い分けます。

文書ではより丁寧な敬称を使う慣習があり、妻という単語を例に挙げると、「奥さん＜奥様＜ご令室(れいしつ)(ご令室様)」の順に丁寧な表現になります。

「ご尊父様」「ご母堂様」といった敬称は、日常会話ではほとんど使われませんが、正式な手紙や文書、場面によって使うと信頼できる人という印象を与えることができます。

〈人に対する敬称〉

普段使いの言葉 ➡	敬称
両親	ご両親　ご両親様
夫	ご主人　ご主人様
妻	奥様　ご令室(ごれいしつ)
息子	ご子息(ごしそく)　ご子息様 ご令息(ごれいそく)
娘	お嬢様　ご令嬢(ごれいじょう)
兄	お兄様(おにいさま)　兄上様(あにうえさま) ご令兄(ごれいけい)
孫	ご令孫(ごれいそん)
親戚	ご親戚　ご親族
父	お父様(おとうさま)　ご尊父様(ごそんぷさま)
母	お母様(おかあさま)　ご母堂様(ごぼどうさま)

〈場所・ものに対する敬称〉

普段使いの言葉 ➡	敬称
名前	お名前　ご芳名(ごほうめい)
手紙	お手紙　貴簡(きかん)　ご芳書(ごほうしょ) 玉書(ぎょくしょ)
会社	貴社(きしゃ)　御社(おんしゃ)
銀行	貴行(きこう)
学校	貴校(きこう)　貴学(きがく)
店	貴店(きてん)
病院	貴院(きいん)
家	貴家(きか)　尊家(そんか)　貴宅(きたく) 貴邸(きてい)
住所	貴地(きち)　御地(おんち)
官庁	貴庁(きちょう)　貴省(きしょう)

語尾の言い回しテクニック

あ、石田さんですか？ボクです、ボク！
お〜い！！
ど…どうも…

「〇〇さんですか？」
↓
「〇〇さんでいらっしゃいますか？」

POINT 「〇〇さんでいらっしゃいますか？」という尊敬語に言い換えると、ストレートに敬意が伝わり印象がよくなります。

長い言い回しをすると丁寧な印象を与える

「です」と「ございます」では、「ございます」のほうがより丁寧に感じるように、長い言い回しにするほど相手に丁寧な印象を与えます。たとえば上司に確認を求める「これでいいですか？」という言い方も、「こちらでよろしいですか？」あるいは「こちらでよろしいでしょうか？」と言い換えることで、より丁寧な印象になります。クレーム対応や謝罪のときは、「こちらでよろしゅうございますか？」という言い方もあります。相手やその場に応じて、丁寧さのレベルを使い分けることがポイントです。

〈例〉

これでいいですか
↓
こちらでよろしいですか
↓
こちらでよろしゅうございますか

対応してもらえませんか？
↓
対応していただけませんか？
↓
対応していただけませんでしょうか？

丁寧なあいさつのテクニック

「お久しぶりです」
⬇
「ご無沙汰しております」

POINT 久しぶりに接触した目上の相手に対しては自分の非礼をお詫びする形にし、相手を立てます。相手を立てることは社会人としての基本マナーです。

あいさつのバリエーションを覚えよう

あいさつは、良好なコミュニケーションを保つために必要不可欠です。ビジネスシーンに使える丁寧な言い回しフレーズを覚え、言葉の引き出しを増やしておきましょう。シーンごとのあいさつの定型句を下の表にまとめました。声に出して繰り返し練習し、実際に使ってみましょう。

普段使いの言葉	丁寧なあいさつ
行ってきます	行ってまいります
お世話様です	お世話になっております
久しぶりです	ご無沙汰しております
暑いですね	お暑うございます
会えてうれしいです	お目にかかれて光栄でございます
先に帰ります	お先に失礼いたします
待たせてすみません	お待たせして申し訳ございません
その後どうですか？	その後いかがでいらっしゃいますか？

気をつけたい「いまどきの話し方」

「〇〇じゃないですか〜」「やっぱり？」「あざーす」などの言い方が口ぐせになっていませんか？このような「いまどきの話し方」をするとコミュニケーションに支障をきたす場合があります。いまどきの話し方の注意すべきポイントを踏まえて、折り目正しい話し方を身につけましょう。

〈語尾伸ばし〉——相手になれなれしい印象を与えてしまう

「〇〇じゃないですかぁ〜」「だからぁ〜」「ですからぁ〜」「〇〇でぇ〜」「〇〇にぃ〜」という語尾を伸ばした話し方は、相手になれなれしい印象を与えます。逆にきちっと語尾を切ることで、清々しい言葉となり好印象を与えることができます。

〈半クエスチョン形〉——自信のない印象を与えてしまう

半クエスチョン形とは「財形貯蓄？ってしたほうがいいんですよね」など、会話の途中で意味もなく語尾を上げる話し方です。聞き手は語尾が上がる度に反応しなければならず、負担となります。また、聞き手に自信のない人という印象を与えかねません。

〈発音の省エネ〉——敬意が相手に伝わりにくい

「ありがとうございます」を「あざーす」など、発音を省略した言い回しをすると、「失礼な人」「まともな会話ができない人」と思われてしまいます。相手に言葉を届けることを意識し、一音、一音ハッキリと発音するよう心がけましょう。

〈その他、気をつけたい言葉づかい〉

「〜とか」「〜のほう」「〜ってゆーか」などの言い方を多用すると、あいまいな表現をする人、言葉づかいが未熟な人という印象を与えてしまいますので注意しましょう。

第6章

日常会話ですぐに使える敬語

人間関係がうまくいく

- ☐ あいさつをするとき
- ☐ 物事を尋ねる・尋ねられたとき
- ☐ 気を遣う・遣われたとき
- ☐ 家へ招く・招かれたとき
- ☐ 誘う・誘われたとき
- ☐ 近所の人とのおつきあい
- ☐ 身内の集まり

SCENE 01 あいさつをするとき

気持ちを込めてハッキリとした発声で、一言つけ加えるのがポイントです。

■ 朝のあいさつ

✗ おはよう。

◯ おはようございます。

言い換え おはようございます。今日もよろしくお願いいたします。

POINT 「おはようございます」が、「おざいます」や「おはざいます」と聞こえることがないよう、一音一音をはっきり発音します。

■ 昼に道ばたで

✗ あ、どうも。

◯ こんにちは。

言い換え こんにちは。よいお天気ですね。

POINT ただ「こんにちは」とあいさつするだけではなく、一言加えると相手との心の距離が近づきます。

■ 懐かしい人にばったり

✗ 久しぶり！お元気だった？

○ お久しぶりです。お元気でしたか？

言い換え ご無沙汰しております。お元気でいらっしゃいましたか？

POINT 目上の方には、「ご無沙汰しております」とあいさつをすると謙虚さが伝わります。

■ 調子を尋ねる

✗ 何か変わったことあった？

○ お変わりありませんでしたか？

言い換え お変わりなくお過ごしでいらっしゃいましたか？

POINT 敬語は言葉づかいだけではなく、優しい表情や優しい声で伝えると好印象を与えます。

■ 天気の話題

✗ 寒いね。

○ 寒いですね。

言い換え お寒うございます。

POINT 季節によって変えてみましょう。例えば「暑いですね」も「お暑うございます」と言い換えることができます。

■ 初対面の人へのあいさつ

✘ はじめまして。

○ はじめまして。○○と申します。

言い換え はじめてお目にかかります。○○○○と申します。

POINT 目上の方にはじめて名乗るときは、フルネームで名乗り、「申します」を使います。2回目以降は「ございます」を使いましょう。

■ お願いをする

✘ 頼まれてくれない？

○ お願いしたいことがあるのですが…

言い換え お願いしたいことがございますが…

POINT 「お忙しいところ申し訳ありませんが」「お忙しいことは承知しているのですが」など、状況にあったクッション言葉(P72参照)を入れると、さらに丁寧な印象を与えます。

■ お礼を言う

✘ ありがとう。

○ ありがとうございます。

言い換え 心より御礼を申し上げます。ありがとうございます。

POINT 相手に負担をかけたときなどは、丁寧なあいさつを心がけます。この際は、お辞儀もしっかりしましょう。(P179参照)

■ 別れのあいさつ①

✘ 気をつけて。

○ **気をつけてお帰りください。**

言い換え お気をつけになってお帰りくださいませ。

POINT 「ませ」をつけると丁寧な印象を与えます。言いにくいときには、「～くださるようお願いいたします」と言ってもよいでしょう。

■ 別れのあいさつ②

✘ じゃあ、またね。

○ **それでは、失礼します。**

言い換え それでは、失礼いたします。

POINT 「失礼します」よりも「失礼いたします」のほうが、より丁寧な言い方となります。

■ 謝罪をする

✘ ごめん。

○ **申し訳ありません。**

言い換え 申し訳ございません。

POINT 相手に多大な迷惑をかけたときには、「心よりお詫びを申し上げます」「深く反省しております」などの言葉をつけ加えます。

SCENE 02 物事を尋ねる・尋ねられたとき

「ちょっと」などのあいまいな言葉は使わず、わかりやすく丁寧に。

■ 声をかける

✘ ちょっと聞きたいんですけど…

○ **少々うかがいたいことがあるのですが…**

言い換え 少々お聞きしたいことがございます。
少々うかがいたいことがございます。

POINT 「ちょっと」は、「少し」「かなり」と違う意味を持つあいまいな言葉ですので、仕事中の日常会話でも使用を控え、「少々」をしっかりと使う習慣をつけましょう。

■ 場所を教えてほしい

✘ 渋谷駅ってどっちですか？

○ **渋谷駅はどちらですか？**

言い換え 渋谷駅はどちらでしょうか？

POINT 「どちら」「そちら」「あちら」「こちら」は、改まり語（P70参照）と呼ばれるもので、改まった雰囲気を出すことができます。

■ 道を確認する

✗ ○○ホテルってこっちの道であってますよね？

○ ○○ホテルへはこちらの道であっていますか？

言い換え ○○ホテルへはこちらの道であっているでしょうか？

POINT 「○○って…」という言い方を嫌う人が多くいます。口ぐせになりやすい言い方ですので、普段から「○○は」と言うように気をつけましょう。

■ 時間を確認する

✗ 今何時ですか？

○ 今何時でしょうか？

言い換え 今の時間を教えていただけますか？

POINT 直接時間を聞くよりも「お教えいただけますか？」という言い回しにすると、さらに丁寧な表現になります。

■ 教えてもらったのでお礼を言う

✗ なるほどですね。どうも。

○ ありがとうございます。よくわかりました。

言い換え ありがとうございます。おかげさまでよくわかりました。

POINT 「なるほど」は、よく使われる言葉ですが、「なるほど、おっしゃるとおりです」「なるほど、ごもっともです」などと使うことで、より丁寧な表現となります。

■ 声をかけられた
✘ なんですか？

○ **はい、どのようなことですか？**

言い換え　はい、どのようなことでしょうか？

POINT　「○○ですか？」よりも「○○でしょうか？」のほうがより丁寧な表現となります。

■ 道順を教える
✘ ここから2つ目の信号を右ですよ。

○ **ここから2つ目の信号を右に曲がってください。**

言い換え　こちらから2つ目の信号を右にいらっしゃってください。

POINT　「行かれる」は、「イカレる」というマイナスの意味を想像させ、嫌う人もいますので「ここから2つ目の信号を右に行かれてください」という表現は控えます。

■ 的を射ない質問をされた
✘ よくわかんないんでもう一回。

○ **もう一度おっしゃってくださいますか？**

言い換え　もう一度おっしゃってくださいませんか？

POINT　「○○してくださいますか？」というように相手の意向を尋ねる形にすると、丁寧な気持ちを表現することができます。

■ 道を聞かれたがわからない

✗ 地元じゃないからちょっと…

◯ 地元ではありませんのでわかりません。

言い換え 地元ではございませんのでわかりかねます。

POINT 「○○かねる」は、「○○しようとして、できない」「○○することが難しい」という意味を丁寧に表現します。

■ 応対できる時間がない

✗ 今急いでるんで…

◯ 今急いでいますので…

言い換え 今急いでおりますので…

POINT 「いる」の謙譲語の「おる」を使うと丁寧な言い方になります。

SCENE 03

断るときも「ありがとう」を添えると、場の雰囲気を損ないません。

気を遣う・遣われたとき

■ 電車の席をゆずる

✗ こっち席空いてますよ。

◯ こちらの席が空いています。

言い換え こちらの席が空いております。

POINT 「こっち」を改まり語(P70参照)にした「こちら」を使います。

■ 困っている人を手伝う

✗ それやりましょうか？

◯ お手伝いしましょうか？

言い換え お手伝いいたします。
お手伝いさせていただきます。

POINT 状況や相手によって使い分けたい表現です。手伝う意思がはっきりしているときは、「お手伝いいたします」と宣言したほうが相手も頼みやすくなります。

■ レジなどで急いでる人を優先する

✗ よかったら先行きます？

◯ **よろしければ先にどうぞ。**

言い換え よろしければお先にどうぞ。

POINT 知らない相手に対しても丁寧な言い方をすると、相手はもちろん、周りの雰囲気もやわらぎます。「よろしければ」は「よければ」の改まった言い方です。

■ ドアをあけてもらった

✗ わざわざどうもすいません。

◯ **ありがとうございます。**

言い換え ありがとうございます。助かります。

POINT お礼を言う場面では、「すいません」「すみません」と言うよりも、きちんと相手の目を見て「ありがとうございます」と言ったほうが気持ちが伝わります。

■ 申し出を断る

✗ いや、いいですよ。

◯ **お気遣いなく。**

言い換え お気遣いなさいませんよう。

POINT まず、「ありがとうございます」と感謝の気持ちを伝えてから断ったほうが、相手にもやわらかく響きます。「お気遣い」は「気遣い」の尊敬語です。

SCENE 04 家へ招く・招かれたとき

突然の訪問は控え、帰る際には心を込めて「ありがとう」と言いましょう。

■ 来客を出迎える

✗ いらっしゃい、あがって。

○ **いらっしゃいませ。どうぞおあがりください。**

言い換え いらっしゃいませ。どうぞおあがりくださいませ。

POINT 「おあがりください」は、人を招き入れるときの決まり文句です。

■ 飲み物を用意する

✗ お茶とコーヒーどっち？

○ **お茶とコーヒーのどちらがよろしいですか？**

言い換え お茶とコーヒーのどちらがよろしいでしょうか？

POINT 「どちら」という改まり語（P70参照）を使うと、より丁寧な印象を与えます。

■ お茶菓子をすすめる

✗ どんどん食べてね。

◯ **どうぞおあがりください。**

言い換え どうぞ召し上がってください。

POINT 「いただいてください」という言い方も耳にしますが、間違い敬語です。「あがってください」「召し上がってください」と表現します。

■ お客様を見送る

✗ また来てね。

◯ **またおいでください。**

言い換え またお越しくださいませ。

POINT 「お越しください」は、「おいでください」より丁寧かつ言いやすい表現です。

■ 訪問先の家にあがる

✗ あ、どうも。

◯ **失礼します。**

言い換え 失礼いたします。

POINT 「お邪魔します」「お邪魔いたします」という表現もあります。

■ アポ無しで訪問した

✗ 急に悪いね。

○ 連絡もせずにお邪魔して申し訳ありません。

言い換え ご連絡もせずにお邪魔して申し訳ございません。

POINT 一般的には、連絡をして相手の許可を得てから訪問するのがマナーです。急を要したにせよ、きちんと丁寧な言葉で謝罪をしましょう。

■ 手みやげを渡す

✗ つまらないものだけど…

○ お口にあえばよいのですが…

言い換え お気に召すとよろしいのですが…

POINT 「つまらないもの」というへりくだった表現を、そのまま受け止める人が増えています。他の表現に言い換えてみましょう。

■ トイレを借りる

✗ トイレどこ？

○ お手洗いを貸していただけますか？

言い換え お手洗いをお貸しいただけませんでしょうか？

POINT 相手から許可を得る形で、お願いするのがポイントです。

■ お茶を出してもらった

✗ いいってそんなの！

◯ お気遣い、ありがとうございます。

言い換え お気遣いいただき、ありがとうございます。どうぞお構いなく。

POINT 「お構いなく」は訪問先での決まり文句で、相手のもてなしを遠慮するときに使います。

■ 夕飯を食べていくよう言われた

✗ 本当？ じゃあごちそうになろうかな。

◯ よろしいのですか？
それでは遠慮なく。

言い換え よろしいのでしょうか？ それではお言葉に甘えて。

POINT 相手が本気で誘ってくれているかどうかを判断し、本気であれば好意に甘えます。

■ 訪問先から帰る

✗ じゃあね。

◯ 楽しい時間でした。
お邪魔しました。

言い換え 楽しい時間を過ごさせていただきました。お邪魔いたしました。

POINT 楽しく過ごしたこと、感謝の気持ちを素直に伝えてから帰ります。

SCENE 05 誘う・誘われたとき

相手との関係に応じて言葉を選びます。
断るときは理由を具体的に述べましょう。

■ 相手の予定を聞く

✗ あさって暇？

○ **明後日はお忙しいですか？**

言い換え 明後日はお忙しいでしょうか？

POINT 「あさって」を改まり語（P70参照）にすると「明後日（みょうごにち）」になります。「暇ですか？」ではなく、「お忙しいですか？」と聞くのがマナーです。

■ 話題の映画に誘う

✗ 映画を観に行かない？

○ **映画を観に行きませんか？**

言い換え 映画を観にいらっしゃいませんか？

POINT 目上の相手には、「いらっしゃる」を使い、敬意を表します。

■ 待ち合わせ場所を決める

✗ 9時に駅前集合ね。

○ 9時に駅前でお待ちしています。

言い換え 9時に駅前でお待ちしております。

POINT 目上の相手との待ち合わせのときには、「お待ちしております」と伝え、早めに到着するよう心がけます。

■ 相手の予定が合わなかった

✗ 残念、また今度ね。

○ また次の機会にお願いします。

言い換え また次の機会にお願いいたします。

POINT 「お願いする」という姿勢で接すれば、相手にも好印象を与えることができるでしょう。

■ 空いている日時を聞く

✗ いつだったら平気？

○ ご都合のよい日を教えていただけますか？

言い換え ご都合のよい日をお教えいただけますか？

POINT 目上の相手の都合を聞くときは、「ご都合」という表現を使います。

■ 日程を聞かれた

✘ その日なら空いてるよ。

> ○ その日であれば空いています。

言い換え そちらの日であれば空いております。

POINT 「その」を改まり語（P70参照）の「そちら」に言い換えます。目上の相手には「おります」という謙譲語を使います。

■ 誘いを受けた

✘ 行こう、行こう！

> ○ ご一緒させていただきます。

言い換え ご一緒させていただけますか？

POINT 相手の意向を聞く形にすると、より丁寧な表現になります。「ご一緒させていただいてもよろしいでしょうか？」はさらに丁寧な表現です。

■ 既に先約があった

✘ ごめん、ちょっと用事が…

> ○ あいにく、はずせない用が入っていまして…

言い換え あいにく、はずせない用が入っておりまして…

POINT 行くことができないときには、相手が納得できるような具体的な理由を伝えることが大切です。「結婚式」「家族の誕生日」「同級会」など具体的な理由を伝えてみましょう。

■ 日程がはっきりしないので確認する

✗ あとで連絡するね。

○ 後ほどご連絡します。

言い換え 後ほどご連絡いたします。

POINT 「あとで」の改まり語(P70参照)の「後ほど」を使います。より丁寧に言う必要があるときには、「ご連絡させていただきます」を使います。

■ 誘ってもらったお礼を言う

✗ 楽しみにしているね。

○ 楽しみにしています。

言い換え 楽しみにしております。

POINT 楽しみにしていることを伝え、相手とともに過ごす時間を大切に思う気持ちを伝えます。

SCENE 06

きちんとした敬語を使うことで、地域交流もスムーズになります。

近所の人とのおつきあい

■ 玄関先でばったり

✗ …どうも。

○ **こんにちは。いつもお世話になっています。**

言い換え こんにちは。いつもお世話になっております。

POINT 「お世話になっております」という一言をつけ加えることで、謙虚な姿勢を伝えることができます。日常のあいさつを大切にしていると困ったときに助けてもらいやすくなります。

■ 当番を代ってもらう

✗ 代ってくれません?

○ **代っていただけますか?**

言い換え 代っていただけるとありがたいのですが、お願いできますでしょうか?

POINT 相手に負担をかける頼みごとの場合は、言葉を丁寧に重ねていきます。相手の意向を確認することを忘れずに。

■ 初対面の人へあいさつ

✘ よろしくです。

○ よろしくお願いします。

言い換え よろしくお願いいたします。
よろしくお願い申し上げます。

POINT 「よろしくお願いします」→「よろしくお願いいたします」→「よろしくお願い申し上げます」の順に丁寧になります。

■ 迷惑をかけてしまった

✘ なんかすいませんでした。

○ ご迷惑をおかけし申し訳ありませんでした。

言い換え ご迷惑をおかけし申し訳ございませんでした。

POINT 迷惑をかけた場合には、きちんと謝罪します。多大な迷惑をかけた際は、最敬礼のお辞儀をします。(P179参照)

■ 近所の情報を教えてもらった

✘ 色々どうもです。

○ 教えていただき、ありがとうございます。

言い換え お教えいただき、ありがとうございます。

POINT 言葉を省略せずに、その場にふさわしいお礼を言うように心がけます。

SCENE 07 身内の集まり

たとえ身内であっても、相手の年齢や相手との関係により言葉を選びます。

■ いとこの近況を聞く

✘ 久々だね。今なにやってるの？

◯ **久しぶりです。今どのような仕事をしているのですか？**

言い換え お久しぶりです。今どのようなお仕事をされているのですか？

POINT 相手の年齢や自分との年齢差、親しさに応じて敬語を使い分けます。レベルの高い敬語を使う場合は、「どのようなお仕事をしていらっしゃるのですか？」という聞き方もあります。

■ 体調のよさそうな叔父へあいさつをする

✘ 元気そうだね。

◯ **お元気そうですね。**

言い換え お元気そうでいらっしゃいますね。

POINT 「お元気そうで安心しました」「お元気そうで何よりでございます」などという言い方もあります。

■ 自分の近況を報告する

✗ 相変わらずだよ。

○ おかげさまで元気に過ごしています。

言い換え おかげさまで元気に過ごしております。

POINT 「おかげさまで」という一言で、謙虚な姿勢を示すことができます。

■ 叔母の体調を気遣う

✗ 具合はどう？

○ お加減はいかがですか？

言い換え お加減はいかがでしょうか？

POINT 「具合」を丁寧に言うときは、「お加減」という言葉があります。目上の相手への健康状態を言うときに使います。「いかが」は「どう」の改まり語（P70参照）です。

■ 兄嫁の両親へあいさつする

✗ お兄ちゃんがお世話になってます。

○ 兄がいつもお世話になっています。

言い換え 兄がいつもお世話になっております。

POINT 「お世話になっております」は、いろいろなあいさつの場面で使える決まり文句です。

column 06 あいさつのマナー

あいさつは人と人を結ぶ架け橋です。ここでは、実践的なあいさつの方法、基本的な文例、正しいお辞儀の仕方などを紹介します。仕事やプライベートで明るく元気にあいさつすれば、好感度アップは間違いありません。

あいさつは"先手必勝"がポイント

あいさつの基本は"先手必勝"です。立場に関係なく誰に対しても、まずは自分から積極的に明るく元気にあいさつすることを心がけましょう。

視線も合わせず仏頂面で、何を言っているのかわからないあいさつでは、あいさつとは言えません。視線は相手の眉あたりに合わせ、歯が少し見える程度の微笑んだ表情を意識します。発声は相手が聞き取りやすいようにハッキリと。大声でも小声でもない、適度なボリュームで発声し、普段から声が低い人は高めの発声を、反対に高い人は低い発声を意識しましょう。また、お辞儀を加えることで、より丁寧な印象を相手に与えます。

相手の名前や季節のあいさつ、相手が興味を持ちそうな話題など、プラスアルファの言葉を加えると、より印象深いあいさつになります。

あいさつの基本フレーズ例

- 「おはようございます」
- 「○○に行ってまいります」
- 「ただいま戻りました」
- 「少々席をはずします」
- 「失礼いたしました」
- 「いつもお世話になっております」
- 「今後ともよろしくお願いいたします」

「おはようございます」などのあいさつには、天気や季節に関する話題を加えたり、「お寒うございます（お暑うございます）」「春が近づいてまいりましたね」といった言葉を添えると豊かな表現になって好印象を与えます。

あいさつとともに正しいお辞儀を身につけよう

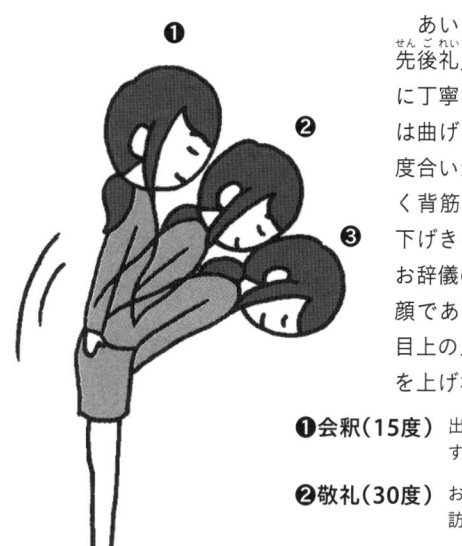

あいさつしてから一礼する「語先後礼(ごせんごれい)」でお辞儀をすると、相手に丁寧な印象を与えます。お辞儀は曲げる角度に比例して、敬意の度合いが高まります。首だけでなく背筋をピンと伸ばし腰を曲げ、下げきったところで一度止めます。お辞儀の後にも相手の目を見て笑顔であいさつの言葉を添えます。目上の人へのお辞儀では、先に頭を上げないよう注意しましょう。

❶ **会釈(15度)** 出・退社時のすれ違い様に使います。首だけを出さないように。

❷ **敬礼(30度)** お見送りやお迎え、得意先への訪問時などによく使います。

❸ **最敬礼(45度以上)** 感謝・謝罪のとき。90度近くまで曲げる場合もあります。

ADVICE

上司の呼び方は場面に応じて使い分けよう

ビジネスシーンでのあいさつで、役職がついている上司を呼んだり、紹介する際には、場面に応じた適切な呼び方をすることが必要です。相手が取引先であるかどうか、また、親交の度合いなど、相手との関係から判断し、それぞれの場面に適した呼び方をするよう心がけましょう。

- 本人と会話する場合 ⟶ 課長
- 他部署の上司が同席している場合 ⟶ ○○課長
- 上司の身内に対する場合 ⟶ ○○課長/○○さん
- 取引先へ紹介する場合 ⟶ 弊社の○○です。
- 取引相手へ役職をつけて紹介する場合 ⟶ 弊社の課長の○○です。

お祝いの席でのあいさつのマナー

　結婚式などのお祝いの席では冒頭に「おめでとうございます」とお祝いの言葉を添えるのがマナーです。受付ではフルネームを名乗り、新郎新婦どちらの友人なのかを伝えます。新郎新婦との会話の際は、2人にお祝いの言葉を添え、新郎新婦の親族との会話では、どちらの友人であるかを伝えて簡単な自己紹介も行いましょう。

　着席する際には、周りの人に必ず会釈を。着席後は主催者との関係や自分の仕事について話し、会話を発展させましょう。その際、宗教や政治、暗い話題は避け、相手のプライバシーは詮索しないのがマナーです。スピーチが始まったら会話を止め、話し手のほうに体や顔を向けます。席を立つ場合、スピーチや余興中は避けましょう。

受付でのあいさつ

- 「本日は誠におめでとうございます」
- 「新婦の友人の〇〇〇〇と申します」

新郎新婦へのあいさつ

- 「本日はおめでとうございます。とてもお美しい花嫁さんですね」
- 「おめでとうございます。〇〇くんと△△さん、とてもお似合いですすてきなお2人ですね」

新郎新婦の親族へのあいさつ

- 「おめでとうございます。本日は、お招きにあずかりありがとうございます」
- 「おめでとうございます。〇〇さんと同じ会社で働いております、〇〇と申します」

第7章

ビジネスメール&
書く敬語の基本

要点を正確に伝える

- ☐ 社外の人へのお礼のメール
- ☐ 社外の人への依頼のメール
- ☐ 謝罪のメール
- ☐ 報告のメール

ムダなトラブルを防ぐ
ビジネスメールの基本マナー

仕事でメールを作成するケースが増えています。ここでは、誤解を招かずに意図を伝えるビジネスメールの基本マナーと、「書く敬語」の注意点について紹介します。

ビジネスメールでは用件を簡潔にまとめよう

　ビジネスメールは社外メールと社内メールに分けられますが、どちらも正確でわかりやすく、簡潔にまとめることが大切です。手紙とメールの大きな違いは、手紙では頭語や結語、時候のあいさつなどの形式を重視しますが、メールでは用件をわかりやすく書くことを最優先します。

メール作成時のチェックポイント

① 送信先のアドレスは間違っていないか　　② 件名はわかりやすいか
③ 相手の氏名、部署名が間違っていないか　④ 敬称はつけたか
⑤ 文章はわかりやすく簡潔に書かれているか　⑥ 誤字・脱字はないか
⑦ 第三者が読んでも問題のない内容か　　　⑧ 署名は入れたか

　上記がメール作成時のポイントですが、依頼メールの場合は要点がひと目でわかる件名をつけましょう。返事を急ぐメールの場合、【緊急】といった言葉を入れるのもテクニックです。メールを受け取ってから遅くとも48時間以内に返信するのがマナーとされますが、開封後すぐに返信することを心がけましょう。文字化けする可能性のある丸囲みの数字、個人情報も控えます。添付ファイルがある場合は、【添付ファイルあり】と件名に書き、存在を知らせることも大切です。
　また、メールは時間を気にせずに送信できるのがメリットですが、相手への意図が正確に伝わりにくいなどのデメリットもあります。メールを送信する前にもう一度内容をチェックし、トラブルに発展しないようマナーを守って使いこなしましょう。
　急ぎの用件は必ず電話で連絡をすることがビジネスでは大前提。理由は、頻繁にメールに目を通さない人、多忙で見られない人がいるからです。メールで報告したつもりでも、相手からすれば「連絡を受けていなかった…」という行き違いのトラブルを防ぐためにも、電話連絡は忘れずに行いましょう。

ビジネスメールの書き方の基本ルール例

件名：資料送付のご案内【(株)●●より】❶

△△△株式会社
□□営業部　○○様❷

いつもお世話になっております。❸
株式会社●●の××でございます。❹

先日の打ち合わせでは貴重なご意見を
いただきありがとうございました。
関連する資料をお送りしますので、
ご確認の程よろしくお願いいたします。❺

ご不明な点がございましたらお手数ですが
ご連絡ください。❻
お忙しいことと存じますが、
何とぞよろしくお願い申し上げます。

(署名)❼

---

❶件名は具体的に書く
❷あて名を入れる
本文の前に「○○様」と相手の名前を書く。

❸あいさつを入れる
「お世話になっております」など、一言添えます。手紙では必須である「拝啓」などの頭語は、省略する場合がほとんどです。

❹差出人名を書く
特にメールを初めて送る相手には、あいさつの後に「●●会社の××と申します」と名乗ります。

❺本文は結論から書く
❻適度に改行する
❼署名を入れる
文末では、差し出し人の名前や連絡先を明記します。あらかじめフォーマットとして準備しておくと便利です。

メールでのあいさつの定型句

- いつもお世話になっております。
- 先日はご足労いただきありがとうございました。
- ご無沙汰しておりますが、お元気でご活躍のことと存じます。
- 平素よりご愛顧いただき、感謝を申し上げます。
- 本日はご多忙の折、お時間をいただきありがとうございました。

メールでの結びの定型句

- 今後とも、よろしくお願いいたします。
- ご多忙のところ恐縮ですが、ご返答いただければ幸いです。
- ご不明な点がございましたら、お問い合わせください。
- ご指導ご鞭撻のほど、よろしくお願い申し上げます。
- ○○様のますますのご活躍、ご発展をお祈りいたします。

社外の人へのお礼のメール

お礼を最初に述べ、感謝の気持ちを伝えよう。

件名：件名：昨夜はありがとうございました。

△△△株式会社
○○事業部
□□様

平素は大変お世話になっております。
株式会社●●の××でございます。

昨日は大変お世話になり、ありがとうございました。
貴重なお話をうかがうことができ、また、おいしいお料理をいただき、
すばらしいひとときを過ごさせていただきました。

改めてごあいさつにうかがわせていただきます。
取り急ぎ御礼を申し上げます。

（署名）

- 「きのう」ではなく「昨夜」に。
- 名乗るときは社名を正確に書く。
- 結論であるお礼の気持ちは最初に述べる。「きのう」は「昨日」と改め、謙譲語「うかがう」「いただく」はひらがなで書くのが一般的。

社外の人への依頼のメール

社外の人へお願いごとをする際は、失礼のない丁寧な表現を心がけよう。

件名：見積書送付の依頼

△△△株式会社
第一営業部
○○様

大変お世話になっております。
株式会社●●の××でございます。

昨日はお忙しい中、お越しいただきありがとうございました。
ご説明いただいた商品「■■■■」についてでございますが、
弊社で購入を検討させていただくこととなりました。

早速でございますが、製品の見積書をメールに添付の上、
ご返信いただけませんでしょうか。
お忙しいところお手数をおかけいたしますが、よろしくお願いいたします。

（署名）

- 結びは最上級の丁寧語「ございます」で好印象に。
- 改まり語や、「ます」「ございます」で丁寧な印象を。社外の人が相手なので、「当社」ではなく、よりへりくだった「弊社」を使う。

謝罪のメール

丁寧な書き出しを意識して、謝罪の気持ちで締める。

件名：メール誤送信のお詫び

△△△株式会社
第一営業部　◎◎様

平素は格別のご配慮を賜り、厚く御礼申し上げます。
株式会社●●の××でございます。

先ほどお送りしたメールについてお詫びを申し上げます。
ご迷惑をおかけし誠に申し訳ございませんが、
１０時３０分にお送りしたメールは、
当方の宛先入力の手違いでございました。
心よりお詫びを申し上げます。

今後このような事がないよう、十分に留意いたしますので、
何とぞご容赦くださいますよう重ねてお願い申し上げます。

（署名）

> 謝罪文なのでとさら丁寧な書き出しを意識する。迷惑をかけたことに対する反省を文面に示す。

> 間違いの内容・理由を具体的に述べ、かつ対応についてもしっかりと伝えるのがポイント。最後も謝罪の気持ちで締める。

報告のメール

報告内容に合わせて、あいさつの定型句を使いこなそう。

件名：転勤のご挨拶

△△△株式会社
第一営業部
◎◎様

平素は格別のご配慮を賜り、厚く御礼申し上げます。
株式会社●●の××でございます。

この度、▲月▲日付で東京本社より福岡支店へ転勤することとなりました。
◎◎様には公私にわたり、一方ならぬご厚情を賜りましたことを
心より御礼申し上げます。

新任地へ赴く前に、ご挨拶にうかがわせていただきます。

今後も引き続きご指導、ご鞭撻の程よろしくお願い申し上げます。

（署名）

> 「ご」を使い、より丁寧な印象に。

> あいさつ、お礼の定型句は自分なりの文章を作り、内容や相手との関係に合わせたものを使い分ける。バリエーションが多いと、その分メールの幅も広がるため便利。

早引き索引

日常生活やビジネスシーンで敬語を使うさまざまなシチュエーションと、本書で紹介する敬語の基本用語をそれぞれ50音順にまとめました。あなたが知りたい項目がすぐに見つかる便利な索引です。

《シチュエーションで調べる》

【あいさつ】
朝のあいさつ･････････････ 38・156
兄嫁の両親へあいさつする･･････････ 177
顔見知りとのあいさつ･･････････････77
体の調子がよさそうな叔父へあいさつをする
････････････････････ 176
締めのあいさつ････････････････ 103
招待する側のあいさつ･････････････ 102
初対面の人へのあいさつ
･･････････76・109・158・175
接待を受けたときのあいさつ･･･････ 104
面接官にあいさつをする･･･････････ 142
別れのあいさつ･････････ 83・85・159

【相手がたずねてきた】
悪天候の中、取引相手がたずねてきた
････････････････････････61
顔なじみの取引相手がたずねてきた
････････････････････････61

【相手に〜と言われた】
相手が外出で不在と言われた･･･････ 112
相手が出張中と言われた･････････ 112
相手が電話中だがすぐ終わると言われた
････････････････････ 111
忙しいので後にしてくれと言われた
････････････････････････44
お客様にミスを責められた･････････ 101
確認したい件があると同僚に言われた
････････････････････････66
今後ちゃんとするように、と言われた
････････････････････････43

上司を呼び出すよう言われた･･･････ 101
商品を取り替えるよう言われた･･････ 100
なるべく早く、と言われた･･････････41
もっと早く対応するように言われた
････････････････････ 100
夕食を食べていくよう言われた･･････ 169
ＦＡＸがまだ届いていないと言われた ‥ 118

【案内をする】
応接室へ案内する･･･････････ 63・69
お客様を禁煙席へ案内する･･････････31
席へ案内する･････････････････････93

【応じる・対応する】
応対できる時間がない･･･････････ 163
お客様の対応に時間がかかった･･･････94
お客様の要望に応じられない･･･････ 101
対応について話す･･････････････ 136
担当者が別の電話に対応していた･････ 130
他の社員の対応を責められた･･･････ 100
無理な対応をせまられた･･････････ 136

【お礼を言う】
教えてもらったのでお礼を言う･･････ 161
お世話になったお礼を言う･････････ 117
お礼を言う････････････････ 49・158
誘ってもらったお礼を言う･････････ 173
接待のお礼････････････････････ 105

【帰る】
お客様が帰る････････････････････97
会社に戻らず帰る･････････････････47

上司・同僚より先に帰宅する ･･････････39
訪問先から帰る････････････････････169

【確認する】
急ぎの確認がある･･････････････････49
お客様の人数を確認する････････････93
確認、相談したいことがある･･････117
確認をする････････････････････････32
クレームの内容を確認する････････134
今後の予定を確認する･･････････････21
最終確認をする････････････････････91
時間を確認する･･････････････････161
注文内容の確認･･････････････････94
伝言内容を確認する･････････ 121・133
日程がはっきりしないので確認する
　　　　　　　　　　 ･･････････173
道を確認する････････････････････161
要点を確認する････････････････････55
ＦＡＸの到着確認････････････････118

【～について聞かれた・尋ねられた】
相手会社の担当が知っていることを
聞かされた･･･････････････････････22
おすすめのメニューを質問された････98
希望の勤務日を尋ねられた･･････････145
休日の過ごし方を聞かれた････････147
経験した職種について聞かれた････147
在庫があるか質問された････････････98
仕事の調子を聞かれた･･････････････69
質問があるか尋ねられた･･････････145
自分で判断できないことを聞かれた
　　　　　　　　　　　　 ･･････65
自分の名字の読み方を聞かれた･･････79
志望動機を聞かれた･･････････････146
趣味を聞かれた ･････････････････146
上司から経過を聞かれた････････････45

取引相手から資料を見たか尋ねられた
　　　　　　　　　　　　 ･･･････19
日程を聞かれた････････････････････172
飲み物は何にするか聞かれた･･･････104
文書を読んだかと聞かれた･････････17

【～について聞く・尋ねる】
相手の予定を聞く････････････････170
空いている日時を聞く ･･････････171
いとこの近況を聞く･････････････176
応募の仕方を聞く････････････････141
折り返しの電話が必要かを尋ねる･･････132
弁当を温めるかを尋ねる････････････31
商品確認をすぐにするかを尋ねる･･････21
誰に用があるのかを尋ねる････････62
注文の品がそろったかを聞く･･････30
調子を尋ねる ･･････････････････157
伝言を頼んだ人の名前を尋ねる･･････121
名前を尋ねる････････････････････31
飲み物の注文をとる ････････････102
パソコンに不慣れな上司に尋ねる
　　　　　　　　　　　　 ･･････25
見本を借りるかどうかを尋ねる･･････22
用件を聞く･･････････････････ 62・132
連絡先を尋ねる ･･････････････････31

【断る】
相手の要求を断る････････････････89
おかわりをすすめられたが断る･･････105
お酒をすすめられたが断る････････104
先約があるので断る･･････････････50
申し出を断る ･･････････････････165

【質問】
お客様に矢継ぎ早に質問された･･････99
会議で質問する････････････････････54

質問を受ける・・・・・・・・・・・・・・・・・・・・・・・53
自分では判断できない質問をされた
　　・・・・・・・・・・・・・・・・・・・・・・・・・・・98
的を射ない質問をされた・・・・・・・・・・・・162

【謝罪をする】
急な訪問を謝罪する・・・・・・・・・・・・・・・・・83
謝罪をする・・・・・・・・・・・・・・・・・・・・・・159
電話に出られなかったことを謝罪する
　　・・・・・・・・・・・・・・・・・・・・・・・・・114
ミスしたことの謝罪をする・・・・・・・・・・・117

【紹介】
紹介があったことを伝える・・・・・・・・・・・109
同行した上司を紹介する・・・・・・・・・・・・・77

【相談】
確認、相談したいことがある・・・・・・・・・117
込み入った相談を持ちかける・・・・・・・・・・49
相談を切り出す・・・・・・・・・・・・・・・・・・・・48
相談を持ちかける・・・・・・・・・・・・・・・・・・87

【伝える】
受付を経由する旨を伝える・・・・・・・・・・・・22
お酒が苦手であることを伝える・・・・・・・・51
折り返しの電話であることを伝える・・・・113
気になる点があることを伝える・・・・・・・・54
こちらから電話することを伝える・・・・・・24
誘ってもらったことへの感謝を伝える
　　・・・・・・・・・・・・・・・・・・・・・・・・・・・51
至急折り返しの電話が欲しいと伝える
　　・・・・・・・・・・・・・・・・・・・・・・・・・120
自分が伝言を受けたことを伝える・・・・・133
紹介があったことを伝える・・・・・・・・・・・109
上司あての伝言を伝える・・・・・・・・・・・・・46
上司の意見を伝える・・・・・・・・・・・・・・・・17

祖父が亡くなったことを上司に伝える
　　・・・・・・・・・・・・・・・・・・・・・・・・・・20
担当者の戻り時間を伝える・・・・・・・・・・130
反省の気持ちを伝える・・・・・・・・・・・・・・・89
募集広告を見たことを伝える・・・・・・・・・140
もう一度呼びかけることを伝える・・・・・・96
有意義な打ち合わせになった感謝を伝える
　　・・・・・・・・・・・・・・・・・・・・・・・・・・81
来客に間もなく部長が来ることを伝える
　　・・・・・・・・・・・・・・・・・・・・・・・・・・19
理解ができなかった旨を伝える・・・・・・・・54
連絡先を伝える・・・・・・・・・・・・・・・・・・・・48

【手みやげ】
手みやげを渡す・・・・・・・・・・・・・・80・168
生ものを手みやげに持参した・・・・・・・・・・21

【出迎える】
上役を出迎える・・・・・・・・・・・・・・・・・・・・68
来客を出迎える・・・・・・・・・・・・・60・166

【電話をかける】
打ち合わせ中に、別の取引先から携帯に電話
がかかってきた・・・・・・・・・・・・・・・・・・・66
外出先の相手の携帯電話に電話をかける
　　・・・・・・・・・・・・・・・・・・・・・・・・・110
会話の途中で携帯電話が鳴った・・・・・・・・88
携帯電話の電波がやっとよくなった・・・・・29
再度かける電話・・・・・・・・・・・・・・・・・・113
自分の携帯に直接電話がかかってきた
　　・・・・・・・・・・・・・・・・・・・・・・・・・125
就業時間前後に電話をかける・・・・・・・・・110
担当を知らずに電話をかける・・・・・・・・・109
電話をかける・・・・・・・・・・・・・・・・・・・・108
問い合わせの電話をかける・・・・・・・・・・・140

取引相手の携帯電話にはじめて電話をかける
・・・・・・・・・・・・・・・・・・・・・・ 110
夜遅い時間に個人宅へ電話をかける・・・・ 111

【電話を切る】
電話を切る・・・・・・・・・・ 115・127・137・149
長くなりそうな電話を打ち切る・・・・・・・・ 115

【取り次ぐ】
受付で取り次いでもらう・・・・・・・・・・・・・・・・76
担当者に取り次ぐ・・・・・・・・・・・・・・・・・ 128

【取引先とのやり取り】
以前、取引相手の上司が同じ事を言っていた
・・・・・・・・・・・・・・・・・・・・・・・・22
打ち合わせ中に、別の取引先から携帯に電話
がかかってきた・・・・・・・・・・・・・・・・・・・・・・66
顔なじみの取引相手がたずねてきた・・・・・61
同僚から取引先の情報を聞いた・・・・・・・・・25
取引相手が自社課長からの礼品をもらっていた
・・・・・・・・・・・・・・・・・・・・・・・・23
取引相手に自社の課長を待ってもらう
・・・・・・・・・・・・・・・・・・・・・・・・23
取引先からクレームの責任をせめられた
・・・・・・・・・・・・・・・・・・・・・・・・19
取引先から出る・・・・・・・・・・・・・・・・・・・・・・81
取引先で顔見知りの担当者と会った・・・・・84
取引先の手応えが薄い・・・・・・・・・・・・・・・・33
取引内容の変更を聞いた・・・・・・・・・・・・・・18

【名乗る】
相手が名乗った・・・・・・・・・・・・・・・・・・ 123
相手が名乗らず用件だけ言ってきた・・・ 123
名前を言う・・・・・・・・・・・・・・・・・・・・・・ 143
部署名まで名乗る・・・・・・・・・・・・・・・・・ 123

【話を受けた】
いらぬ注意を受けた・・・・・・・・・・・・・・・・・32
誘いを受けた・・・・・・・・・・・・・・・・・・・・ 172
仕事の依頼を受けた・・・・・・・・・・・・・・・・・40
質問を受ける・・・・・・・・・・・・・・・・・・・・・・53
商品発注を受けた・・・・・・・・・・・・・・・・・・・17
説明を受けた・・・・・・・・・・・・ 144・145・149

【プレゼンテーション】
プレゼンで説明を終えた・・・・・・・・・・・・・・24
プレゼンの終了・・・・・・・・・・・・・・・・・・・・・53
プレゼンの説明・・・・・・・・・・・・・・・・・・・・・52
プレゼンを始める・・・・・・・・・・・・・・・・・・・52

【報告】
結果を報告する・・・・・・・・・・・・・・・・・・・・53
仕事の結果を報告する・・・・・・・・・・・・・・・45
自分の近況を報告する・・・・・・・・・・・・・ 177
何件かまとめて報告することがある・・・・・45
報告を切り出す・・・・・・・・・・・・・・・・・・・・・44

【訪問】
アポ無しで訪問した・・・・・・・・・・・・・・・ 168
急な訪問を謝罪する・・・・・・・・・・・・・・・・83
訪問先の家にあがる・・・・・・・・・・・・・・・ 167

【見送る】
お客様を見送る・・・・・・・・・・・・・・・ 63・167

【名刺交換】
相手の名刺をもらう・・・・・・・・・・・・・・・・・78
初対面の相手に名刺を渡す・・・・・・・・・・・60
名刺を切らしてしまった・・・・・・・・・・・・・・79
名刺交換をする・・・・・・・・・・・・・・・・・・・・78

【ものをすすめる】
お茶菓子をすすめる・・・・・・・・・・・・・・・ 107
食事をすすめる・・・・・・・・・・・・・・・・・・・ 103

【連絡】
打ち合わせ中の上司に急な連絡が入った
・・・・・・・・・・・・・・・・・・・・・・・・・・・67
会議中に緊急の連絡が入り席をはずす
・・・・・・・・・・・・・・・・・・・・・・・・・・・59
人事担当から連絡がきた・・・・・・・・・・・・ 148
こちらから連絡すると伝えてもらう
・・・・・・・・・・・・・・・・・・・・・・・・・・ 120

【わからない】
相手の社名がわからなかった・・・・・・・・ 124
相手の名前の読み方がわからない・・・・・・・78
指示の内容でわからないことがあった
・・・・・・・・・・・・・・・・・・・・・・・・・・・42
説明内容でわからない点があった・・・・・ 144
誰から電話があったかがわからない・・・・ 114
間違いの所在がわからないクレームだった
・・・・・・・・・・・・・・・・・・・・・・・・・・ 135
道を聞かれたがわからない・・・・・・・・・・・ 163

《敬語に関する用語で調べる》

【あ】
あいさつのマナー・・・・・・・・・ 153・178・180
改まり語・・・・・・・・・・・・・・・・・・・・・・・・・70
いまどきの話し方・・・・・・・・・・・・・・・・ 154
ウチソト逆転敬語・・・・・・・・・・・・・・・・・・18
お祝いの席・・・・・・・・・・・・・・・・・・・・・ 180
お辞儀・・・・・・・・・・・・・・・・・・・・・・・・・ 179
「お・ご+〜になる」・・・・・・・・・・・・・・・・74

【か】
過剰敬語・・・・・・・・・・・・・・・・・・・・・・・・・34
勘違い敬語・・・・・・・・・・・・・・・・・・・・・・・26
クッション言葉・・・・・・・・・・・・・・・・・・・・72
敬称・・・・・・・・・・・・・・・・・・・・・・・・・・・ 150
謙譲語・・・・・・・・・・・・・・・・・・・・・・・・・・・13
語尾伸ばし・・・・・・・・・・・・・・・・・・・・・ 154

【さ】
上司の呼び方・・・・・・・・・・・・・・・・・・・・ 179
尊敬語・・・・・・・・・・・・・・・・・・・・・・・・・・・12

【た】
丁寧語・・・・・・・・・・・・・・・・・・・・・・・・・・・14
電話応対のマナー・・・・・・・・・・ 121・133・138

【な】
何様敬語・・・・・・・・・・・・・・・・・・・・・・・・・24
二重敬語・・・・・・・・・・・・・・・・・・・・・・・・・16

【は】
バイトマニュアル敬語・・・・・・・・・・・・・・・30
美化語・・・・・・・・・・・・・・・・・・・・・・ 14・36

【ま】
ムダ敬語・・・・・・・・・・・・・・・・・・・・・・・・・28
メール・・・・・・・・・・・・・・・・・・・・・・・・・ 182
メールでのあいさつの定型句・・・・・・・・・ 183

【ら】
「れる」「られる」表現・・・・・・・・・・・・・・ 106

【わ】
若者言葉・・・・・・・・・・・・・・・・・・・・・・・・・32

監修者
山岸弘子(やまぎし ひろこ)

NHK学園専任講師。
NHK学園「話し上手は敬語から」講座にて敬語指導にあたる傍ら、航空会社の社内教育やテレビクイズ番組の国語問題監修にも携わる。「あたたかい言葉でこの国を満たすことができれば」との思いから、大学での講演をはじめ各種教育機関や医療機関、企業など全国で研修、講演を行っている。著書に『あたりまえだけどなかなかできない敬語のルール』(明日香出版社)、『敬語の達人－クイズでわかるあなたの勘違いー』(祥伝社)、『読んで聴いてリズムで身につく敬語のケイコ』(日本実業出版社)など。

STAFF

編集協力	STUDIO DUNK
	杉山 忠義
イラスト	後藤亮平(BLOCKBUSTER)
本文デザイン	STUDIO DUNK
DTP	センターメディア

すぐに使えて、きちんと伝わる 敬語サクッとノート

監修者	山岸弘子
発行者	永岡修一
発行所	株式会社永岡書店
	〒176-8518　東京都練馬区豊玉上1-7-14
	TEL 03(3992)5155 (代表)
	03(3992)7191 (編集)
印刷	末広印刷
製本	ヤマナカ製本

ISBN978-4-522-43160-3　C0036　⑬
乱丁本・落丁本はお取り替えいたします。
本書の無断複写・複製・転載を禁じます。